Quantitative Analysis of Stocks

株式の計量分析入門

バリュエーションとファクターモデル

津田博史
吉野貴晶
［著］

FinTech
ライブラリー

朝倉書店

まえがき

　2010 年代に入り，コンピュータやインターネットなどの ICT 技術（Information and Communication Technology），ビッグデータ，人工知能を背景とした FinTech（Financial Technology）革命が世界の金融・証券・保険業界に到来してきている．

　かつて，日本では 1990 年代に入ってからのバブル崩壊を契機に，金融機関においてリスク管理力の強化と資金運用の効率の改善を図ることが課題となり，その解決策として，数値による客観的評価が可能という観点から計量分析に基づく科学的なリスク管理手法や投資手法が導入された．

　株式投資の分野においても，株式市場指数に連動するインデックス運用，さらに，株価のフェアバリューを求め，市場株価の割安割高の判断や株価変動を計量モデルにより予測し，その予測値に基づき投資家の投資スタンスや資金の性格に応じたベンチマークインデックスに対して超過リターンを狙う株式運用手法の研究，開発が始まり，今日の株式運用手法に至っている．

　1990 年代のときよりも，今日の FinTech 革命の時代は，ビジネスモデルを根本から変えるほどより大きく金融・証券・保険業界に影響を与えると思われる．現在，情報の産業革命の到来といわれるほど，コンピュータやインターネットなどの ICT 技術の高度化，情報環境の整備も進展しつつあることからビッグデータの活用により，金融・証券・保険業界のビジネスモデルが急激に変わる可能性がある．例えば，スマートフォンの普及を背景に PFM（Personal Finance Management）と呼ばれる自動家計簿サービスが普及し始めてきており，PFM を通して金融・保険取引をするようになると，金融機関は，顧客との直接的な接点が失われ，アンバンドリング化が進展し，金融機関にとりこれまでとは異なるビジネスモデルを考える必要に迫られる可能性がある．また，Twitter で

の心理状態を表現している大量の文章を分析し，その分析結果を用いてダウ平均株価指数の予測を行い，市場騰落予測精度が上昇したことを示した論文が発表されており，証券投資の世界において，これまでに活用されていない情報などを加えた新たな投資手法が開発され，運用される可能性がある．

こうした時代の背景から，FinTechライブラリーの第1巻目として本書が刊行されることとなったが，本書を執筆した動機は，以前よりもまして，近年，こうした時代の背景から理系の大学生が金融機関へ就職することが増えて，理系の学生が勉強するための投資分野の入門書が必要と感じたためである．もちろん，本書は，文系理系を問わず興味ある内容と思われる．また，実践的な内容も多いことから，ビジネスに携われている方にも役立つものと思われる．本書で，株式投資に関する内容を取り上げた理由は，筆者の一人が現役の株式投資分野のクオンツ・アナリストであるからである．したがって，実際に役立つ株式投資手法を開発するために基礎知識として重要と思われる項目を取り上げることとした．また，ポートフォリオ選択論や資本資産評価モデルを代表とする現代ポートフォリオ理論は，今日では日本においても数多くのファイナンスや金融工学の分野の本で取り上げられていることから，本書に必要な内容だけに留めた．興味を持たれた読者は，第6章の後に掲載した参考文献を参照されたい．

本書は，次のように構成されている．

第1章では，株式リターン，修正株価の算出方法，業種分類，株式指数とベンチマークなど株式分析のための基礎知識を解説する．

第2章では，株価や企業価値評価で必要不可欠な企業の利益予測，キャッシュフロー，包括利益など企業利益に関する概念やそれぞれの関係を解説する．

第3章では，株価評価方法に関して解説する．株式評価方法には様々な種類があり，また，方法の分類も多岐にわたる．主たるアプローチのなかで，マーケットアプローチとバリューアプローチを解説する．

第3章で述べた割引キャッシュフローモデルを適用するうえで最大の課題である予測に関する問題を緩和するための工夫として提案されたモデルが残余利益モデルである．このモデルは割引超過利益モデルや開発者の名をとってEBO (Edwards–Bell–Ohlson) モデルとも呼ばれるが，第4章では，この残余利益

モデルに関して解説する.

　株価評価や企業価値評価に関する数学モデルを考えただけでは，単に絵に描いた餅であり，実際には活用できない．株価評価や企業価値評価モデルを実際に役立つようにするにはモデルのパラメータをデータから推定する必要がある．

　そこで，第5章では，モデルのパラメータ推定をするうえでよく使用される重要な回帰分析について解説する．最初に回帰分析を理解するうえで必要な基礎概念を述べた後，株価評価や株式収益率の変動に関する回帰分析を利用したテーマについて解説する．

　学術界や実際の運用現場では様々なアノマリー（anomaly）の存在が検証されてきた．アノマリーとは，現代ポートフォリオ理論などの枠組みで説明の難しい市場の変則性のことを示すものである．以前は，小型株が大型株に比べてパフォーマンスが良好となる小型株効果や，低 PBR（高 B/P）効果があげられていた．これらは，Sharpe（1964）が提案した資本資産評価モデル（Capital Asset Pricing Model，略して CAPM）で説明されないリターンの源泉となっていたからだ．

　しかし，Fama and French（1993）で，3ファクターモデルが提唱されてから，これらの従来のアノマリーは，小型株リスクや B/P リスクに対するリターンであるリスクプレミアムとして捉えられるようになった．

　その一方で，新たなアノマリーの存在が近年は注目されている．例えば，アクルアルズアノマリー（利益の質が優れている企業の事後のリターンが高い）やアセットグロースアノマリー（資産の増大が小さい企業の事後のリターンが高い）などである．

　第6章では，資本資産評価モデルの概念を理解するための前準備としての1952年にハリー・マーコビッツが提唱した最適ポートフォリオ理論の概念から始めて，Fama and French（2015）が提案した5ファクターモデルや最近のファクターモデルの潮流まで解説する．

　執筆にあたって，初めてこの分野に接する読者にも本書が有益であるようにできるだけわかりやすく心掛けたつもりである．本書で解説した内容は，株式投資に関係する分野の一部であり，株式分析に関係した統計的な分析方法に関して回帰分析以外ふれていない．そのような内容に興味をお持ちの読者は，著

者の一人が執筆した「株式の統計学」（朝倉書店）を参照されたい．

　将来，執筆する機会があれば，近年，話題となっているブランド力，技術力，組織力などの無形資産評価，行動ファイナンス，高頻度取引（High Frequency Trading; HFT）などに関して執筆したいと思っている．

　なお，当然のことながら，本書における誤りは筆者の責任に帰し，所属する組織とは無関係であることを断っておきたい．

　本書で解説する内容が，読者が株価評価，企業価値評価，株式市場のアノマリーの検証を行う際に極めて有益であると思われ，また，本書がそれらを理解するうえでの糸口になり，さらに，M&Aにおける企業価値評価や株式投資における株価評価などの実務に応用する際の指針の一つとなれば，幸いである．

　本書の執筆には，大和証券株式会社のご理解とご支援をいただき深く感謝するとともに，大和証券株式会社の投資戦略部のクオンツチームの方々に対して心から謝意を表したい．

　最後に，本書を企画してから出版まで約4年と長い時間を要した．その間，我慢強く原稿を待っていただいた朝倉書店の方々にはお世話になり心から御礼申し上げたい．

2016年9月

筆　　者

目　　次

1. 株式分析のための基礎知識 ……………………………………… 1
   1.1 株式投資の基本原理 ……………………………………… 1
   1.2 株式収益率（株式リターン）…………………………… 2
   1.3 修正株価の算出方法 ……………………………………… 4
   1.4 業 種 分 類 ……………………………………………… 6
   1.5 株式指数とベンチマーク ………………………………… 9
      1.5.1 日経平均株価 ………………………………………… 9
      1.5.2 TOPIX ……………………………………………… 13
      1.5.3 株式ベンチマーク ………………………………… 15
      1.5.4 日経平均株価の役割 ……………………………… 18
      1.5.5 日経平均銘柄入れ替え …………………………… 19
      1.5.6 銘柄入れ替え ……………………………………… 24
      1.5.7 スマートベータ運用 ……………………………… 26

2. 企 業 利 益 ……………………………………………………… 29
   2.1 利益予想値 ………………………………………………… 29
   2.2 キャッシュフロー ………………………………………… 30
   2.3 利益とキャッシュフロー ………………………………… 31
   2.4 包 括 利 益 ……………………………………………… 34
   2.5 税引利益と包括利益 ……………………………………… 36

3. 株式評価 ……………………………………………………………… 40
3.1 株式評価手法の分類 ………………………………………………… 40
3.2 マーケットアプローチ ……………………………………………… 42
3.2.1 P/B-ROE モデルのフレームワーク …………………………… 42
3.2.2 PBR の計算方法の実際 ………………………………………… 43
3.2.3 PBR と ROE の新旧の計算ルール …………………………… 45
3.2.4 株主資本と純資産 ……………………………………………… 49
3.2.5 株式の期待収益率（期待リターン）と株主資本コスト …… 50
3.2.6 財務諸表と株式リターン：ROE の平均回帰 ………………… 51
3.3 バリューアプローチ ………………………………………………… 52
3.3.1 株式評価モデルの原点は配当割引モデル …………………… 52
3.3.2 企業価値評価モデルの4つの分類 …………………………… 52
3.3.3 配当割引モデル ………………………………………………… 53
3.3.4 割引キャッシュフローモデル ………………………………… 54

4. 残余利益モデル ……………………………………………………… 62
4.1 残余利益モデルの概要 ……………………………………………… 62
4.2 クリーンサープラス会計の導入 …………………………………… 62
4.3 エコノミックプロフィットモデル ………………………………… 65
4.3.1 エコノミックプロフィットモデルの概要 …………………… 65
4.3.2 総資本の超過収益を意味するエコノミックプロフィット … 65
4.4 残余利益モデルの適用のフレームワーク ………………………… 70
4.4.1 残余利益モデルの適用の詳細 ………………………………… 72
4.4.2 株式評価方法の詳細 …………………………………………… 72
4.5 残余利益モデルを用いた銘柄選別に関する過去の分析 ………… 72
4.5.1 月次5分位ポートフォリオによる有効性の調査 …………… 72
4.5.2 年度別 IC（情報係数）による分析 …………………………… 74
4.6 残余利益モデルを用いた相場全体の評価 ………………………… 76

5. データ解析とモデル推定 ……………………………………… 77
5.1 回帰分析 …………………………………………………… 77
5.1.1 基本統計量 ……………………………………… 77
5.1.2 共分散, 相関係数 ……………………………… 79
5.1.3 正規分布 ………………………………………… 81
5.1.4 回帰分析とは …………………………………… 83
5.2 回帰分析の応用例その1 ……………………………… 90
5.2.1 増益率・成長率の定義 ………………………… 90
5.2.2 増益率・成長率の定義:様々な定義 ………… 92
5.3 回帰分析の応用例その2 ……………………………… 95
5.3.1 P/B-ROE モデルを使った運用戦略の概要 …… 97
5.3.2 P/B-ROE モデルの実務の適用について ……… 97

6. ファクターモデル ……………………………………………… 100
6.1 資本資産評価モデル …………………………………… 100
6.1.1 リスク分散効果 ………………………………… 100
6.1.2 最適ポートフォリオの選択 …………………… 104
6.1.3 資本資産評価モデル (CAPM) とは …………… 106
6.2 Fama–French 3 ファクターモデル …………………… 109
6.3 アノマリーに関する検証 ……………………………… 120
6.3.1 Fama–MacBeth 法 ……………………………… 123
6.3.2 Fama–MacBeth の単純化 ……………………… 125
6.3.3 Core, Guay and Verdi のアノマリーに関する検証方法 …… 126
6.4 Fama–French 5 ファクターモデル …………………… 128
6.5 ファクターモデルの潮流 ……………………………… 131
6.6 行動ファイナンスに基づくアノマリー ……………… 138

付 表 …………………………………………………………………… 141

参考文献 ………………………………………………………………… 147

索　引 …………………………………………………… 159

1

株式分析のための基礎知識

1.1 株式投資の基本原理

　古くから投資の基本原理は，株式の妥当価格を評価して，それより市場で安く値が付いている割安銘柄に投資することだ．証券分析の創始者ともいわれる Benjamin Graham（ベンジャミン・グレアム）は，著書の The Intelligent Investor[*1] のなかで，「株式選択のための合理的で且つ有望な研究方法として，… アナリストは多くの銘柄に対し信頼できる価値または価値の幅を定め，そして基本的な価値より安値にあるものを選んで推奨するのです」と主張した．

　さらに，Graham は同書で株式価値の「標準の評価方法」を紹介した．「将来 7 年ないし 10 年にわたる 1 株当たり平均利益を見積もり，それにその銘柄の質を勘案した乗数をかけて株価を算出する方法」である．さらに成長株について妥当価値を算出する場合に以下の (1.1) 式を示した．価値とは株価の理論価格である．一方，右辺の現在の正常利益は 1 株当たりの利益（EPS）を表す．

$$\text{価値} = \text{現在の正常利益} \times (8.5 + \text{期待年間成長率} \times 2) \quad (1.1)$$

さらに (1.1) 式の両辺を正常利益で割ると (1.2) 式が成り立つ．

$$\frac{\text{価値}}{\text{現在の正常利益}} = \text{妥当 PER} = 8.5 + \text{期待年間成長率} \times 2 \quad (1.2)$$

左辺は PER を意味している．期待年間成長率を 2 倍して，それに 8.5 を足した値

[*1] 日本語訳：ベンジャミン・グレアム，ジェイソン・ツバイク著/増沢和美，新美美葉，塩野未佳訳「新賢明なる投資家」上，下（改訂版），2005．

が妥当 PER となる．例えば 10% の成長が見込まれる企業は $10 \times 2 + 8.5 = 28.5$ が試算される．果たして，こうした試算結果は現実的に妥当なレベルであろうか？

実際に東証一部上場企業のデータを使って日本株の成長率と PER の関係を捉えてみた．例えば，経常増益率が 10% 程度の 181 社を対象とすると，2015 年 6 月末の PER の単純平均値は 18.5，中央値は 15.9 程度であった．Graham が提示した妥当価格から求めた PER は $8.5 + 10 \times 2 = 28.5$ と比べて，平均値でみても 10，中央値でも 12.6 割安となる．増益率が 10% 程度の企業がすべて成長株に該当するとはいえない点や，増益率に対する信頼度の問題があるため，結果を鵜呑みにすることは禁物である．ただ，Graham の評価式を使うと，2015 年 6 月末時点では，わが国の成長株が売られすぎていることはある程度は示されているのかもしれない．

Graham が提示した式の根拠は明らかではないため，妥当性の議論はできない．しかし，株式投資をする場合に，成長 (growth) 株への投資でも株式の妥当価格がどの程度のレベルか？のチェックが重要であることを示唆している．

ところで，1999 年末にかけての IT バブル全盛期には過剰な成長期待から株価が急騰した．これは近年流行している行動ファイナンスの観点から，ある程度の解釈が可能である．まず過度の楽観 (optimism) のバイアスが IT 関連銘柄に対する過剰な成長期待に繋がった．過度の楽観とは悪い事象が生じる可能性を過小に見積もる傾向のことである．そして横並び行動 (herding) がこれを加速する．他の投資家が成長期待を高めるため，自分もそれに合わせて成長期待を高めることだ．最終的にはこの横並び行動が市場の崩壊をもたらしたといわれる．こうした市場の動きに流されないためには，どんな銘柄に投資する場合でも株式の妥当価格と，その妥当価格を形成するための評価モデルを意識する必要がある．

まず，本書の第 1 章では，株式分析，株式投資していくための基礎的な項目から取り上げる．

1.2 株式収益率（株式リターン）

$t-1$ 日の株価 P_{t-1} と t 日の株価 P_t の終値をシンプルに比較した (1.3) 式

が株価の騰落率である．

$$X_t = \frac{P_t - P_{t-1}}{P_{t-1}} = \frac{P_t}{P_{t-1}} - 1 \tag{1.3}$$

しかし，(1.3) 式を株式の収益率（リターン）とすることはできない．リターンには，株価の騰落率の部分のキャピタルゲインだけでなく，配当のインカムゲインも含まれるからである．したがって，配当落ち日のリターンは (1.4) 式となる．

$$X_t = \frac{P_t - P_{t-1} + 予想1株当たり配当金}{P_{t-1}} \tag{1.4}$$

ここでは，(1) 配当落ち日と (2) 予想 1 株当たりの配当金の情報が必要となる．東証一部上場企業を対象にすると，2015 年 3 月末で 75.6% の企業が 3 月期決算企業となる．そして，企業は，(1) 上期決算期である 9 月と本決算期末である 3 月の年 2 回を配当支払いに定めている企業と (2) 本決算期末の 3 月の年 1 回に定めている企業に分類される．例えば，NTT（銘柄コード：9432）の例をあげる．同社は，年 2 回の配当企業である．例えば，2015 年本決算期末である 3 月に支払われる配当に関しては，3 月末日である 3 月 31 日が配当基準日となる．同日の株主名簿に記録された株主に対して期末配当金の 90 円が支払われる．そして，実際に，(1.4) 式の形で配当金を加えなければいけない日付は次のよう考える必要である．

まず，①2015 年 3 月 31 日は火曜日の株主名簿に記録されている投資家は同社株を持っていると配当が受け取れることになる．3 月 31 日が営業日ではない場合は，その前営業日となる．②30 日に株式市場で同社株を買った投資家は配当を貰えるだろうか？現実的には，処理に時間がかかることから買ってすぐに，株主名簿に反映されない．現在は「4 日目決済」になっていることから，31 日を含んで，4 営業日前である．26 日までの売買で保有している投資家は配当が受け取れる権利を持つ．したがって，その翌営業日となる 27 日に新たに保有した投資家は配当が受け取れなくなってしまうことから，株価が下落してしまうため，「権利落ち日」と呼ばれる．具体的に，その 27 日の NTT 株のリターンを計算すると次のようである．3 月 26 日の終値が 7,548 円であったが，27 日には 7,485 円に下落した．しかし 26 日に保有している投資家には 90 円の配当が貰えることを加えると，27 日のリターン（収益率）は (1.5) 式となる．

$$X_t = \frac{7,485 - 7,548 + 90}{7,548} = 0.36\% \tag{1.5}$$

実は，ここでさらに留意点がある．まず，(1)「4 日目決済」が行われたのが，2009 年 11 月 16 日（月曜日）に市場で売買をした分からで，その前営業日に当たる，11 月 13 日（金曜日）までは，「5 日目決済」となっていたことである．したがって，2009 年 11 月 13 日より前のケースでは，配当を受け取れる株主として株主名簿に記載されるためには，同日を含んで 5 日前までに売買を済ませる必要があった．

次に，(2) 実際に配当が決定されるには，3 月決算企業であれば 6 月下旬あたりに実施される株主総会の決議が必要となる．このため，NTT の例でいえば，3 月 27 日のリターンの計算である (1.5) 式の配当金は予想値を使う必要がある．ここで予想値としては，会社側の予想，東洋経済新報社からの予想や日本経済新聞社の予想など，出所によって若干違いも出てくる．また，配当の予想に幅があるケースもある．例えば，2015 年 3 集夏号の会社四季報の 1534 ページのしまむら（8227）は，2 月決算期企業であるが，上期決算に対応する配当金は 190 円〜200 円の幅での予想値となっている．こうした場合には，例えば，保守的にリターンを見積もるには，最低値の 190 円が使われるケースもある．そして，株主総会で確定すると，その分の遡及修正を行う必要がある．

1.3　修正株価の算出方法

前節ではリターンの算出の基本的な事項を示した．しかし，実際には (1.4) 式では，求められないケースが少なくない．

例えば，株式分割（stock split）が代表的なものである．株式分割とは，既に発行されている株を 2 つとか 3 つなどに分割することである．株式分割をする場合に，分配前の配当を変更しない場合には実質的に増配になるため株主還元として市場から歓迎されるが，企業側からみると，配当負担が増えてしまう．また，1 株当たりの利益である EPS（Earnings Per Share）が低下することで，1 株の価値は低下してしまい，株価が下がり，投資家が以前よりも少額の資金で株式を買うことが可能となり，市場における流動性が期待されることから，実

施される.

　前節でも取り上げた NTT（9432）を例にあげると，同社株は 2009 年 1 月 3 日（土曜日）を基準日として，同日の最終の株主名簿および実質株主名簿に記載または記録された株主の所有株式が，1 株につき 100 株の割合をもって 2009 年 1 月 4 日（日曜日）に分割された.

　ここでは，1 月 4 日は休日にあたるため，翌日 1 月 5 日（月曜日）には，それまで 1 株を保有していた場合には 100 株となるため，同日のリターンは (1.4) 式では計算ができない．このため (1.6) 式が使われる．すなわち，調整係数が用いられる．

$$X_t = \frac{P_t \times 調整係数 - P_{t-1} + 予想1株当たり配当金}{P_{t-1}} \tag{1.6}$$

　実際に，1 月 5 日の NTT 株のリターンを計算すると次のようである．同社株は，前営業日の終値が 468,000 円であった．5 日の終値が 4,830 円となった．しかし，調整係数として 100 を乗じる必要がある．したがって，(1.7) 式となる．

$$X_t = \frac{4,830 \times 100 - 468,000}{468,000} = 0.02\% \tag{1.7}$$

　調整係数が必要な例は，これ以外にも有償割当増資や中間発行増資など，様々なケースがある．このため，一般の投資家が厳密に計算するのは困難である．

　実は，こうした調整係数の値は，日本経済新聞社などから提供されている．日経 NEEDS-FinancialQUEST では，累積調整係数が提供されている．例えば，5 日の NTT 株は 102 の値となっており，その前の日が 1.02 であることから，調整係数は，102 ÷ 1.02 = 100 の値を使うことが可能である．また，日経 NEEDS-FinancialQUEST では，累積調整係数として，「配当落を含まない」もののほかに，「配当落含む」のものも提供されている．同数値は 5 日に「1.21658359 →121.658359」になっているが，この場合には，調整係数自体に配当も考慮されていることから，(1.8) 式で算出できる．

$$X_t = \frac{P_t \times \frac{t 営業日の累積調整係数}{t-1 営業日の累積調整係数} - P_{t-1}}{P_{t-1}} \tag{1.8}$$

表 1.1 東京証券取引所の大業種分類と中業種分類との対応関係

業種	
大分類	中分類
水産・農林業	水産・農林業
鉱業	鉱業
建設業	建設業
製造業	食料品
	繊維製品
	パルプ・紙
	化学
	医薬品
	石油・石炭製品
	ゴム製品
	ガラス・土石製品
	鉄鋼
	非鉄金属
	金属製品
	機械
	電気機器
	輸送用機器
	精密機器
	その他製品
電気・ガス業	電気・ガス業
運輸・情報通信業	陸運業
	海運業
	空運業
	倉庫・運輸関連業
	情報・通信業
商業	卸売業
	小売業
金融・保険業	銀行業
	証券，商品先物取引業
	保険業
	その他金融業
不動産業	不動産業
サービス業	サービス業

1.4 業 種 分 類

　企業がどんな業界に分類されるのかをシンプルに捉えるには，業種分類が用いられる．ウェブ上のYahoo!ファイナンスのページ画面の右下には，「業種別で探す」というメニューがあり，ここには，33個に分類された業種が指定できる．例えば，水産・農林業をクリックすると，極洋（1301）以下，11銘柄が出力される（2016年3月31日時点）．一般的に運用実務では，この33業種分類が利用されている．そして，日本取引所グループの東京証券取引所でも，この33

表 1.2 日本標準産業分類の大分類の変遷

No.	〈第10回改定〉1998年4月1日適用	〈第11回改定〉2002年10月1日適用	〈第12回改定〉2008年4月1日適用
1	A. 農業	A. 農業	A. 農業, 林業
2	B. 林業	B. 林業	
3	C. 漁業	C. 漁業	B. 漁業
4	D. 鉱業	D. 鉱業	C. 鉱業, 採石業, 砂利採取業
5	E. 建設業	E. 建設業	D. 建設業
6	F. 製造業	F. 製造業	E. 製造業
7	G. 電気・ガス・熱供給・水道業	G. 電気・ガス・熱供給・水道業	F. 電気・ガス・熱供給・水道業
8	H. 運輸・通信業	H. 運輸業	G. 情報通信業
9		I. 情報通信業	H. 運輸業, 郵便業
10	I. 卸売・小売業, 飲食店	J. 卸売・小売業	I. 卸売業, 小売業
11	J. 金融・保険業	K. 金融・保険業	J. 金融業, 保険業
12	K. 不動産業	L. 不動産業	K. 不動産業, 物品賃貸業
13			L. 学術研究, 専門・技術サービス業
14		M. 飲食店, 宿泊業	M. 宿泊業, 飲食サービス業
15			N. 生活関連サービス業, 娯楽業
16		N. 医療, 福祉	O. 教育, 学習支援業
17		O. 教育, 学習支援業	P. 医療, 福祉
18		P. 複合サービス事業	Q. 複合サービス事業
19	L. サービス業	Q. サービス業	R. サービス業（ほかに分類されないもの）
20	M. 公務	R. 公務	S. 公務（ほかに分類されるものを除く）
21	N. 分類不能の産業	S. 分類不能の産業	T. 分類不能の産業

業種分類を使って，株価指数を公表している．そして，33業種分類の方法について，日本取引所グループの東京証券取引所では，証券コード協議会が「業種別分類に関する取扱い要領」という規則を定めており，それに基づいて同協議会が個別の株式公開会社について業種を決定していると示している．その基準の前提は，総務省が定める「日本標準産業分類」によるものとされている．表1.1 は，日本取引所グループの東京証券取引所の大業種分類と中業種分類との対応関係を示す．

このため，総務省が定める，「日本標準産業分類」の見直しが行われると，それに応じて，33業種分類も見直される．表1.2 は，これまでの日本標準産業分類の大分類の変遷を示す．なお，「日本標準産業分類」[*2]は，表1.2 には掲載していないが，2013年10月に改定され，2014年4月1日に施行された．証券コード協議会のウェブサイトでは，33業種分類を中分類としており，その上位の概念として大分類の10分類がある．しかし，この10分類は，製造業として，業種数の半分程度の「食料品，繊維製品，パルプ・紙，化学，医薬品，石油・石炭製品，ゴム製品，ガラス・土石製品，鉄鋼，非鉄金属，金属製品，機械，電気機器，輸送用機器，精密機器とその他製品」の16業種がまとめられてしまっており，分類された銘柄の数の偏りが大きい．因みに，これらの業種は

[*2] 2014年4月1日適用の第13回改定が実施されたが、分類項目は変更されなかった．

表 1.3　33 業種と東証 17 業種（2015 年 5 月末時点，全上場市場）

No.	東証17業種 業種名	銘柄数	No.	東証33業種 業種名	銘柄数
1	食品	144	1	水産・農林業	12
			4	食料品	132
2	エネルギー資源	20	2	鉱業	7
			9	石油・石炭製品	13
3	建設・資材	329	3	建設業	176
			11	ガラス・土石製品	61
			14	金属製品	92
4	素材・化学	298	5	繊維製品	55
			6	パルプ・紙	26
			7	化学	217
5	医薬品	66	8	医薬品	66
6	自動車・輸送機	118	10	ゴム製品	19
			17	輸送用機器	99
7	鉄鋼・非鉄	86	12	鉄鋼	50
			13	非鉄金属	36
8	機械	233	15	機械	233
9	電機・精密	324	16	電気機器	273
			18	精密機器	51
10	情報通信・サービスその他	862	19	その他製品	111
			25	情報・通信業	374
			33	サービス業	377
11	電気・ガス	25	20	電気・ガス業	25
12	運輸・物流	126	21	陸運業	65
			22	海運業	15
			23	空運業	5
			24	倉庫・運輸関連業	41
13	商社・卸売	339	26	卸売業	339
14	小売	352	27	小売業	352
15	銀行	95	28	銀行業	95
16	金融（除く銀行）	88	29	証券，商品先物取引業	42
			30	保険業	13
			31	その他金融業	33
17	不動産	115	32	不動産業	115

Yahoo!ファイナンスにおいて業種名の後ろの「業」がついていない業種が，製造業である．こうした偏りは，総務省が定める日本標準産業分類の大分類のくくりに依存するからである．

　表 1.3 に示したが，東証一部企業では，銘柄数が少ない業種もある．そこで，東証では，33 業種を 17 業種に集約して「TOPIX-17 シリーズ」の株価指数を公表している．

　わが国で用いられる，業種分類として，東証業種分類のほかには，日経分類が

ある．これは大分類（製造業と非製造業の2分類），中分類（36業種），小分類（256業種）があるが，中分類は業種の株価の変動をみるうえで，用いられるケースもある．また，近年，企業のグローバリゼーションが進むなか，企業比較のうえでは海外企業との比較も重要となる．そしてグローバルの観点でも銘柄比較では，グローバルの業種内での比較が重要となる．この場合には，1999年に米国の格付機関である Standard & Poor's と世界的金融グループの Morgan Stanley Capital International（MSCI）が定めた世界産業分類基準（Global Industry Classification Standard; GICS）分類が用いられる．表1.4，表1.5，表1.6で示すようにGICSでは，世界中の産業を10のセクター（エネルギー，素材，資本財・サービス，一般消費財・サービス，生活必需品，ヘルスケア，金融，情報技術，電気通信サービス，公益事業）に分類している．さらに，このセクターを24の産業グループ，67の産業，156の産業サブグループに分類している（2015年5月時点）．この分類は，金融機関のみならず，国際標準として広く利用される．なお，分類基準は時代に合わせて変わるので，必要な際にその時点での分類を確認する必要がある．

1.5　株式指数とベンチマーク

　個別株式の変動は，その銘柄の株価やリターンを観察して捉えられる．一方，日本市場全体の株価の動きを観察するには，市場全体の株価の平均的な動きを観察する必要がある．こうした場面では株価指数が用いられる．わが国において代表的な株式指数には，日経平均株価（以後，日経平均）と TOPIX（Tokyo Stock Price Index，東証株価指数）がある．

1.5.1　日経平均株価

　日経平均は，東京証券取引所一部に上場する約2000銘柄（2016年8月末時点）の株式のうち，日本経済新聞社が225銘柄選び，その株価の単純平均をベースに算出して公表している．計算ルールなどの詳細は，日経平均プロフィルで示されている．

　具体的な計算は次のようである．基本的に225銘柄の株価の平均である．し

表 1.4 GICS 分類（2015 年 5 月時点）

セクター（10種）	産業グループ（24種）	産業（67種）	産業サブグループ（156種）
エネルギー	エネルギー	エネルギー設備・サービス	石油・ガス掘削
			石油・ガス装置・サービス
		石油・ガス・消耗燃料	総合石油・ガス
			石油・ガス探査・開発
			石油・ガス精製・販売
			石油・ガス貯蔵・輸送
			石炭・消耗燃料
素材	素材	化学	基礎化学品
			総合化学
			肥料・農薬
			工業用ガス
			特殊化学品
		建設資材	建設資材
		容器・包装	金属・ガラス容器
			包装紙
		金属・鉱業	アルミ
			各種金属・鉱業
			金
			貴金属・鉱物
			銀
			鉄鋼
		紙製品・林産品	林産品
			紙製品
資本財・サービス	資本財	航空宇宙・防衛	航空宇宙・防衛
		建設関連製品	建設関連製品
		建設・土木	建設・土木
		電気設備	電気部品・設備
			重電機設備
		コングロマリット	コングロマリット
		機械	建設機械・大型トラック
			農業機械
			産業機械
		商社・流通業	商社・流通業
	商業・専門サービス	商業サービス・用品	商業印刷
			環境関連・ファシリティサービス
			事務サービス・用品
			各種支援サービス
			セキュリティ・警報装置サービス
		専門サービス	人事・雇用サービス
			調査・コンサルティングサービス
	運輸	航空貨物・物流サービス	航空貨物・物流サービス
		旅客航空輸送業	旅客航空輸送業
		海運業	海運業
		陸運・鉄道	鉄道
			陸運
		運送インフラ	空港サービス
			高速道路・鉄道路線
			港湾サービス

表 1.5 GICS 分類（2015 年 5 月時点）

セクター（10種）	産業グループ（24種）	産業（67種）	産業サブグループ（156種）
一般消費財・サービス	自動車・自動車部品	自動車部品	自動車部品・装置
			タイヤ・ゴム
		自動車	自動車製造
			自動二輪車製造
	耐久消費財・アパレル	家庭用耐久財	民生用電子機器
			家具・装飾
			住宅建設
			家庭用電気機器
			家庭用品・雑貨
		レジャー用品	レジャー用品
		繊維・アパレル・贅沢品	アパレル・アクセサリー・贅沢品
			履物
			繊維
	消費者サービス	ホテル・レストラン・レジャー	カジノ・ゲーム
			ホテル・リゾート・クルーズ船
			レジャー設備
			レストラン
		各種消費者サービス	教育サービス
			専門消費者サービス
	メディア	メディア	広告
			放送
			ケーブル・衛星テレビ
			映画・娯楽
			出版
	小売	販売	販売
		インターネット販売・カタログ販売	カタログ販売
			インターネット販売
		複合小売り	百貨店
			総合小売り
		専門小売り	衣料小売り
			コンピュータ・電子機器小売り
			住宅関連用品小売り
			専門店
			自動車小売り
			家具・装飾小売り
生活必需品	食品・生活必需品小売り	食品・生活必需品小売り	薬品小売り
			食品流通
			食品小売り
			大型スーパーマーケット・スーパーマーケット
	食品・飲料・タバコ	飲料	醸造
			蒸留酒・ワイン
			清涼飲料
		食品	農産物
			包装食品・肉
		タバコ	タバコ
	家庭用品・パーソナル用品	家庭用品	家庭用品
		パーソナル用品	パーソナル用品

表 1.6 GICS 分類（2015 年 5 月時点）

セクター (10種)	産業グループ (24種)	産業 (67種)	産業サブグループ (156種)
ヘルスケア	ヘルスケア機器・サービス	ヘルスケア機器・用品	ヘルスケア機器
			ヘルスケア用品
		ヘルスケア・プロバイダー/ヘルスケア・サービス	ヘルスケア・ディストリビュータ
			ヘルスケアサービス
			ヘルスケア施設
			管理健康医療
		ヘルスケア・テクノロジー	ヘルスケア・テクノロジー
	医薬品・バイオテクノロジー・ライフサイエンス	バイオテクノロジー	バイオテクノロジー
		医薬品	医薬品
		ライフサイエンス・ツール/サービス	ライフサイエンス・ツール/サービス
金融	銀行	銀行	銀行
		地方銀行	
		貯蓄・抵当・不動産金融	貯蓄・抵当・不動産金融
	各種金融	各種金融サービス	他の各種金融サービス
			マルチセクター持株会社
			専門金融
			消費者金融
		消費者金融	資産運用会社・資産管理銀行
		資本市場	投資銀行・証券会社
			総合資本市場
			保険ブローカー
	保険	保険	生命保険・健康保険
			総合保険
			動産保険・損害保険
			再保険
	不動産	不動産投資信託	各種不動産投資信託
			工業用不動産投資信託
			抵当不動産投資信託
			ホテル・リゾート不動産投資信託
			オフィス不動産投資信託
			ヘルスケア不動産投資信託
			住宅用不動産投資信託
			店舗用不動産投資信託
			専門不動産投資信託
		不動産管理・開発	各種不動産事業
			不動産運営会社
			不動産開発
			不動産サービス
情報技術	ソフトウェア・サービス	インターネットソフトウェア・サービス	インターネット ソフトウェア・サービス
		情報技術サービス	情報技術コンサルティング・他のサービス
			情報処理・外注サービス
		ソフトウェア	アプリケーション・ソフトウェア
			システム・ソフトウェア
			ホームエンターテイメント・ソフトウェア
	テクノロジー・ハードウェアおよび機器	通信機器	通信機器
		コンピュータ・周辺機器	テクノロジー ハードウェア・コンピュータ記憶装置・周辺機器
		電子装置・機器・部品	電子装置・機器
			電子部品
			電子製品製造サービス
			テクノロジー ディストリビュータ
	半導体・半導体製造装置	半導体・半導体製造装置	半導体装置
			半導体
電気通信サービス	電気通信サービス	各種電気通信サービス	代替通信事業会社
			総合電気通信サービス
		無線通信サービス	無線通信サービス
公益事業	公益事業	電力	電力
		ガス	ガス
		総合公益事業	総合公益事業
		水道	水道
		独立系発電事業者・エネルギー販売業者	独立系発電事業者・エネルギー販売業者
			再生エネルギー系発電事業者

かし，平均を計算する前提で (1.9) 式の処理が行われる．

$$構成銘柄の採用株価 = 株価 \times \frac{50\,(円)}{みなし額面\,(円)} \quad (1.9)$$

株式の額面制度は 2001 年 10 月施行の商法改正で廃止となったが，依然として株価水準は額面時代を引き継いでいる．このため，旧来の額面制度を引き継いだ「みなし額面」を各構成銘柄に設定し，各構成銘柄の株価を旧 50 円額面ベースに換算して，日経平均の算出に用いられる．従来，50 円額面ベースに換算された株価を用いていたが，額面が廃止となったことで，そのままでは日経平均が計算できなくなった．そこで日経平均算出のために便宜的に決められた額面がみなし額面である．日経平均を計算するために，(1.9) 式は 50 円額面ベースの 225 銘柄の合計である．そして，平均するためには，本来，225 で除するのだが，日経平均は，構成銘柄の株価について日本固有の株式制度を反映し，「みなし額面 50 円換算」した株価を合計したうえで，「除数」で割って算出する．当初は銘柄数が除数だった．その後，資本異動に対応して，除数の値を修正することで指数としての連続性，継続性を維持している．この除数修正方法が「ダウ式」と呼ばれ，日経平均は「ダウ式修正平均」といわれる．

$$日経平均 = \frac{構成銘柄の採用株価合計}{除数} \quad (1.10)$$

除数を各自で計算するケースはほとんどない．直感的には，除数はもともと，構成銘柄数だったが，株式分割などが行われると，その銘柄の株価水準が低下する．その分，デフレートする除数を高める必要があるということである．なお，2016 年 6 月時点ではみなし額面と除数は「日経平均プロフィル」のウェブサイトで取得可能である．

1.5.2 TOPIX

日経平均と並んで投資家に利用されるのが，TOPIX (Tokyo Stock Price Index，東証株価指数) である．そして，投資家が日本株全体の変動をみるには，これらの 2 つが利用される．そして，どちらかといえば，日経平均は個人投資家の馴染みが強く，TOPIX は機関投資家の利用が多い．

TOPIX は東京証券取引所一部上場株式銘柄を対象として，同取引所が算出・

公表している株価指数である．個人投資家の馴染みが薄いのは，TOPIX は株価の平均的な動きではなく，有償増資等の資本異動や，新規上場などの影響を修正した時価総額の推移を観察しているもので，直感として捉えにくいからである．以下で観察すると，TOPIX は「時価総額加重型」の株価指数とは，ある過去の一定時点（基準日）の時価総額の合計額で除して計算する．例えば，新規上場があった場合に，その上場で時価総額が増大した部分は TOPIX の変動には含まず，実際に指数に参入後の時価総額の変動のみ考慮するものである．

$$\text{TOPIX の算出式} = \frac{\text{算出時の指数用時価総額}}{\text{基準時価総額}} \times \text{基準値} \tag{1.11}$$

ここで 1968 年 1 月 4 日が基準日とされ，基準値は 100 である．そして，(1.12) 式により (1.11) 式の基準時価総額が修正される．

$$\text{新基準時価総額} = \text{旧基準時価総額} \times \frac{\text{前営業日の時価総額} \pm \text{修正額}}{\text{前営業日の時価総額}} \tag{1.12}$$

ここで，算出時の指数用時価総額とは，当日の時価総額がベースである．TOPIX は直感的に，1968 年 1 月 4 日を基準日とし，基準日の時価総額を 100 ポイントとして，計算時点の時価総額がどの程度かを表している．そして，日経平均と TOPIX の比較をまとめたものが表 1.7 である．

表 1.7　TOPIX と日経平均の比較概

	TOPIX（東証株価指数）	日経平均株価（日経 **225**）
算出元	日本取引所グループ東京証券取引所	日本経済新聞社
対象	東証一部に上場する内国普通株式全銘柄	東証一部銘柄から選定された 225 銘柄
銘柄数	約 2,000 銘柄（2016 年 8 月末時点）	225 銘柄
タイプ	時価総額加重型	株価平均型
表示	ポイント	円

特徴として，TOPIX は全銘柄を対象とした株価指数であるのに対して，日経平均は「構成銘柄抽出型株価指数」を対象とする．全銘柄を対象とした株価指数は，全体の動きを反映するというメリットがあるが，実際に投資家の注目度が小さい銘柄の動きも反映されている．一方，「構成銘柄抽出型株価指数」は，投資家の注目度が高い銘柄の動きを観察するものであるが，抽出されていない銘柄の動きが反映されないというデメリットがある．したがって，併用が必要である．

1.5.3 株式ベンチマーク

前項では，TOPIX は機関投資家の利用が多いと記述した．これは，株式指数は，市場の変動を観察するという目的と並んで，運用のベンチマーク（運用成績を測定し，評価するための基準）としての役割があるからである．機関投資家のファンドの多くには，TOPIX がベンチマークに用いられている．これは，まずリターンの算出に関して，TOPIX と日経平均の違いから捉えることができる．

TOPIX のリターン $R_{TOPIX,t}$ は（1.13）式に示されるように，個別銘柄のリターン $R_{i,t}$ $(i = 1, 2, \ldots, N_t)$ の TOPIX 対象銘柄の時価総額加重である．

$$R_{TOPIX,t} = w_{1,t-1}R_{1,t} + w_{2,t-1}R_{2,t} + \cdots + w_{N,t-1}R_{N_t,t} \quad (1.13)$$

すなわち，t 時点のリターンを $t-1$ 時点の構成銘柄の時価総額で加重したリターンである．$w_{i,t-1}$ は $t-1$ 時点の第 i 銘柄の東証一部上場企業全体に対する時価総額構成比率である．t 時点のリターンを t 時点の構成銘柄の時価総額で加重するものではない．これは直感的な解釈として，$t-1$ 時点において，ウエイトの構成比率で保有したポートフォリオを考えると，$t-1$ 時点から t 時点までの間のリターンが反映されて，t 時点でのポートフォリオのリターンとなることである．なお，厳密には，日次ベースで（1.13）式を計算して，月次累積などを行う必要がある．これは月間で資本異動した銘柄に対応するためである．なお，実務では，月次サイクルでの計算などが利用される．

（1.13）式の TOPIX の時価総額構成比率である $w_{i,t-1}$ で用いられる時価総額には注意が必要である．個別企業における時価総額には，次の 1)〜3) の 3 つがある．

1) 普通発行済株式の時価総額

　　企業が発行しているトータルの普通株式数の時価総額である．例えば，ウーロン茶などでおなじみの伊藤園（2593）を例にあげると，Yahoo!ファイナンスによると，2012 年 9 月 18 日に，発行済株式数は 91,212,380 株となっている．この株数に株価を乗じたものが，同社の発行済み株数ベースの時価総額となる．

　　ところで，同社は優先株（伊藤園の「第 1 種優先株式」の配当額は，普

通株式の配当額よりも25％増し，利益がなく普通株式に配当がない場合でも最低1株当たり15円が配当される）を発行している（Yahoo!ファイナンスで25935のコードとなっている）．こうした優先株なども含めたトータルの普通株式数の発行株数は，125,459,342株となっている．

　しかし，TOPIXの算出は普通株式で求められる．さらに厳密にTOPIXの算出に用いられる普通発行株式に関しては，優先株からの転換や自己株式の消却などがある．これらに関しては，転換や消却の株数分は翌月末からTOPIXのリターンに参入する形となる．すなわち，翌月末の前営業日の引けで，株数が修正される計算となる．これらの詳細は，日本取引所グループのウェブサイトに示されている．

2) 上場株式の時価総額

　実は，TOPIXの算出に用いられる，時価総額は「普通発行済株式の時価総額」ではない．上場株式を使った時価総額が用いられる．例えば，NTT（9432）を例にあげる．2012年8月末時点での発行済株式数は1,323,197,235株である．一方，731,905千株のみが上場株数である．NTTは32.5％が「財務大臣」の保有となっている（会社四季報2012年3集夏号の1701ページ），すなわち，政府が保有している．因みに，政府が保有している分を市場に流通させる方法が売り出し（この場合に政府が保有していた部分は上場していなかったため，市場で取引ができなかったが，売り出しにより上場されて取引が可能となる）である．東証では，こうした上場株式数を「指数用上場株式数」と呼んでいる．

3) 浮動株ベースの時価総額

　そして，実際にTOPIXの算出に用いられる時価総額の算出に用いる株数は，さらに市場で流通する可能性の高い株式に限られる．ここでは，東証では，浮動株比率（Free Float Weight; FFW）を計算している．そして，(1.14) 式で，指数用株式数を求めている．この指数用株式数×株価が「浮動株ベースの時価総額」となる．

$$\text{各銘柄の指数用株式数} = \text{各銘柄の指数用上場株式数} \times \text{各銘柄の浮動株比率} \tag{1.14}$$

1.5 株式指数とベンチマーク

 これらの詳細は，日本取引所グループのウェブサイトに示されている．そして，浮動株比率（FFW）は，1 − 固定株比率 で求めている．そして，固定株は，「大株主上位 10 位の保有株，自己株式等，役員等の保有株，その他東証が適当とみなす事例」である．

 以前は，TOPIX の算出はシンプルに上場株式数を用いていた．しかし，2005 年 10 月末より段階的に浮動株移行が行われ，2006 年 6 月 30 日に実施された 3 回目の反映を以て完了した（3 回目で完全な浮動株ベースになり各銘柄の浮動株比率が完全に適用されるが，2 回目まで，徐々に浮動株比率に徐々に近づける比率を適用していった）．浮動株ベースに変更した理由として，次の 2 つが理由である．

 まず，TOPIX をベンチマークとしている投資家が多いなか，個別銘柄の一部の流動性が小さい一方で，時価総額が大きい銘柄の影響が大きくなってしまうことだ．これは 1999 年の IT バブルの際に，NTT が保有していた NTT ドコモ株の変動が大きかったことがあげられる．投資家はベンチマークに追随するため，流動性が小さい NTT ドコモ株を購入することで，株価が上がり，時価総額が上昇という状況が生じた．

 2 つ目の理由が，ベンチマークとしての妥当性に関する市場ポートフォリオの考え方である．TOPIX は株式市場を対象とした市場ポートフォリオのトレースと考えられるが，TOPIX が資本資産評価モデル（リスク資産の均衡市場価格に関する理論，市場が均衡している状態ではリスク負担した分に見合うリターンを得ることができるということ）を前提とした場合に効率的な市場ポートフォリオである前提として，完全市場における均一性を考えると，上場時価総額には問題があると考えられる．また，資本資産評価モデルを前提とすると，世の中のすべての資産の時価総額加重ポートフォリオと，リスクフリーレートとのある按分比率での保有が最も効率的な保有とされる．これを株式市場に限定してみた場合に，TOPIX は個別銘柄の時価総額構成比率であることから，市場ポートフォリオを示唆している．このため，TOPIX がベンチマークとしてリーズナブルと考えられる．なお，市場の効率性を前提とすると，流通されていない時価総額の部分は，摩擦がない市場などの前提から離れてしまう．

 まず，時価総額加重の特徴は，（新規上場等資本異動がなければ）リバランス

が発生しない．直感的には，ある期間に株価が上昇すると，それに応じて時価総額が高まる．このため，その次の期間のリターンのウエイトは，高まった時価総額が反映される．このことはTOPIXは資本異動がない場合には，時価総額の推移をトレースしていることを意味する．

このため，パッシブ運用（株価指数の変動と連動した投資収益を目指した運用，株価指数を上回る収益を目指すアクティブ運用とは対照的な運用として扱われる）において，売買コストが発生しない観点でも有用とされている（売買が発生しないために，パッシブである．しかし，実際には，資本異動が発生するため，リバランスが行われる）．

なお，日経平均のリターン，TOPIXリターンも配当収益が考慮されていないため，ファンドのベンチマークとしては，TOPIXの配当込み指数（total return index）のデータが用いられる．

TOPIXは「東証市場一部に上場する内国普通株式全銘柄」と記述したが，これは厳密ではない．例えば，新規に東証一部に上場すると，その場合には，上場当日から東証一部銘柄である．しかし，TOPIXには，新規上場日の翌月末から組み入れられる（リバランスは翌月末の前日の終値で行われる）．

1.5.4 日経平均株価の役割

前項までは，ベンチマークの観点から株式指数の算出方法を示した．運用のベンチマークは「運用成績を測定し，評価するための基準」である．この観点からは，TOPIXなどの時価総額加重の株式指数が広く用いられることは示した．しかし，株式指数の役割は，運用のベンチマークだけではなく，シンプルに株式相場の変動を捉えることもある．運用ベンチマークとしては，TOPIXが用いられるが，株式市場の変動を観察する目的には，日経平均が用いられる．

なぜ，TOPIXと日経平均は投資家からみて，役割が異なり，そして，株式市場の変動を捉えるには日経平均が広く用いられるか？ 株式市場の変動を捉える指数として用いられるには，次の2点が重要となる．

1) まず，日経平均は，歴史が長く，広く人々に馴染みがある指数である．日経平均に関しては，日経平均プロフィルで詳細が示されている．算出開始は1950年9月7日（1949年5月16日まで遡及計算）となっている．

一方，TOPIX は算出開始日：1969 年 7 月 1 日（1968 年 1 月 4 日を基準日としている）ため，19 年程度の差がある．歴史が古いことは，それだけ古くから人々に使われてきた経緯がある．

2) 基本的な計算ルールに馴染みがある．日経平均は 225 銘柄の株価の平均がスタートである．例えば 2012 年 12 月 14 日では，除数が 24.975 となっている．株価を合計して，それを 225 で割るのがスタートであったが，225 で割る代わりに，この 24.975 で割って求めている（ダウ修正）．このため値は，単純平均とは大きく異なるが，水準自体に余り違和感がなくなっている．

さらに，加えるなら，第二の理由とも関連するが，日経平均の単位が「円」であることも人々の馴染みが深い理由の 1 つである．TOPIX は時価総額の推移をベースとするもので，基準日の値を 100 に置き換えて求められており，単位も一般の人には，余り実感として捉えにくい「ポイント」が用いられている．

1.5.5　日経平均銘柄入れ替え

前項では，株式指数の役割の 1 つとして，広く投資家が株式相場の変動を捉えるための利用を指摘した．そして，変動を捉える代表的な指数に日経平均が広く用いられる理由を示した．この日経平均は，従来は継続性の観点で，銘柄入れ替えは最小限に抑えられてきた．相場変動をみるうえで構成銘柄が入れ替わってしまうと，実感が持ちにくくなってしまうことに対応していた．

しかし，継続性の重視は，その一方で，わが国の産業の構造の変化を反映しない状況に陥る危険性がある．そこで，日本経済新聞社は，「指標性の維持のため」，これまで原則として構成銘柄が合併や上場廃止などの場面のみ補充するルールを改めて，2000 年 4 月 15 日に市場流動性とセクター（日経業種分類の 36 業種を 6 つに集約したもの）間のバランスにより銘柄の見直しを発表して，同 24 日から適用した．その後は，合併や上場廃止などの銘柄数が減少することに対応する「臨時入れ替え」に加えて，10 月の第一立会日に銘柄が入れ替わる「定期見直し」が行われてきている．日本経済新聞社は，過去に入れ替えられた銘柄をウェブサイトで掲載している．

実は，こうした銘柄入れ替えに関して，投資家には収益機会として注目を集

めている．日経平均連動型の投信などが，日経平均にトラックさせるために，銘柄入れ替えのタイミング（定期銘柄入れ替えに関しては，入れ替え日が10月の第一立会日なので，9月末日の大引け時点）で除外銘柄を売却すると同時に，新規採用銘柄を購入する必要があるからである．新規採用銘柄には，将来的な買い需要が入るため，先行して購入することで，プラスの収益を期待する投資である．例えば，2012年の10月に行われた定期入れ替えにおける，個別銘柄の連動資産を推計すると，次のようである．まず，銘柄入れ替えに関する経緯を示すと次のようである．

2012年9月7日，日本経済新聞社より，日経平均株価の銘柄入れ替えの内容が発表された．その際には，新規採用銘柄は，トクヤマ（4043）となった．一方，住友金属工業（5405）が新日本製鐵（5401）との統合により，除外された．トクヤマは26日から採用となるため，25日の終値を使って，日経平均の構成銘柄となる．ここでの注意点は，定期入れ替えは原則として，10月初の入れ替えであるが，日本経済新聞社は流動的な対応をしており，そのアナウンスが事前（当時は，9月7日，アナウンスの日は事前に決められていない）に伝えられる．本入れ替えに関しては，定期見直しの一貫として発表されたが，実態としては採用銘柄どうしの合併が原因となる．また，持株会社化に伴い，日新製

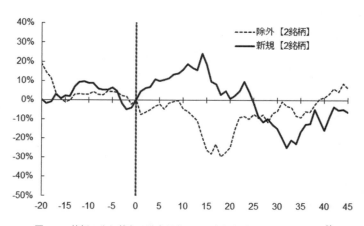

図 1.1 銘柄の入れ替えの発表日をベースとしたイベントスタディ [*3]

[*3] 対ベンチマーク超過リターン．ベンチマークは日経平均株価．

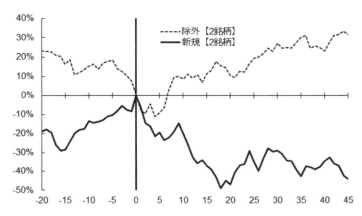

図 1.2 銘柄の入れ替えの実施日前日をベースとしたイベントスタディ [*4]

鋼 (5407), 日本軽金属 (5701) が一旦除外となった. これらの銘柄は, 26 日に上場廃止となり, 10 月 1 日から上場されるが, 日経平均への組み入れは (1 日の終値を使って) 2 日からとなる.

実は, 2012 年は定期見直しでも特殊な例として, あえて取り上げた. 例えば, 2008 年 10 月の定期入れ替えはわかりやすい例である. 2008 年 9 月 8 日, 日本経済新聞社と日本経済新聞デジタルメディアより, 日経平均株価の定期銘柄入れ替えの内容が発表された. 採用銘柄は大平洋金属 (5541), 日立建機 (6305) の 2 銘柄, 除外銘柄は熊谷組 (1861), 東亜合成 (4045) の 2 銘柄となった. 市場流動性の低い 2 銘柄として資本財・その他セクターから熊谷組, 素材セクターから東亜合成が除外される一方で, 市場流動性の高い 2 銘柄として, 素材セクターから大平洋金属, 資本財・その他セクターから日立建機が採用された. 入れ替えは 10 月 1 日に実施される (9 月 30 日の終値が用いられる).

では, 実際に, これらの採用 2 銘柄と, 除外 2 銘柄に関して, 発表日である 2008 年 9 月 8 日と, 実際に入れ替えを実施する日 (9 月 30 日の引け) を基準にシンプルなイベントスタディを観察した. 図 1.1 と図 1.2 で示すように, いずれも, 日経平均に対する超過リターンで示している.

まず, 発表日をベースとしたイベントスタディでは, 発表日の翌日 (発表は

[*4] 対ベンチマーク超過リターン. ベンチマークは日経平均株価.

表 1.8　日経平均連動資産の推定

裁定取引

【日経新聞による裁定株数（2012年9月4日現在）】

買い残	1,391,220	千株
売り残	166,342	千株
ネット買い残	1,224,878	千株

半分を日経平均連動型とする。（仮定）

日経平均連動裁定	612,439	千株
連動資産組成必要株数	205,379	株

（みなし額面＝50/3円：1銘柄、25円：2銘柄、100/3円：2銘柄、50円：192銘柄、100円：2銘柄、500/3円：1銘柄、200円：1銘柄、250円：2銘柄、500円：14銘柄、5000円：2銘柄、12500円：1銘柄、50000円：5銘柄）

裁定÷必要株数

裁定設定単位	2,982	単位

投信（ETFを含む）

投信純資産残高（2012年9月6日現在：推定）	2,709,350	百万円
日経平均（2012年9月6日現在）	8,680.57	円
日経平均除数	24.966	
日経平均株価合計	216,719	円
投信設定単位	12,502	単位

合計　15,484 単位

（注）1 単位＝1000株（みなし額面50円換算）
（出所）大和証券

4時半付近以降なので，発表の情報は翌日から市場に反映される）から，新規採用銘柄は上昇し，逆に除外銘柄が下落する傾向が示された．

次に，銘柄の入れ替えの実施日の前日を基準としたイベントスタディでは，その前日まで新規採用銘柄は上昇した一方，実施後は下落が大きい．反対に除外銘柄は，前日までは下落するが，その後は反発する．なぜこうした動きがみられるか？ これは，次の2つの要因がある．

第一に，(1) 日経平均に連動する資産の売買が背後にあるとみられている．例えば，9月4日現在で，日経平均に連動する資産を推計すると，次のようである．

まず，裁定取引による残高は日本経済新聞に日次で掲載されている．裁定取引のポジションは，2つあり，「裁定買い」は，現物である日経平均採用銘柄を購入する一方，先物である日経平均先物を売却する戦略である．反対に「裁定売り」は，現物である日経平均採用銘柄を売却する一方，先物である日経平均

先物を購入する戦略である．

　新規採用銘柄へのネットの買い需要は，裁定買い残から裁定売り残を引かないといけない．さらに，日本経済新聞社の発表では，裁定残高と全体を公表しているため，このなかには例えば，TOPIX 先物を使った裁定取引も含んでいる．そこで，ある前提として，日経平均連動型の裁定を半分とする．

　そして，日経平均の算出はみなし額面を考慮しているため，2,982 単位（50円が額面換算で 1 単位＝千株）が必要と考えられる．これが 12,502 単位となる．また，(2) 日経平均に連動する資産の売買が背後にあるとみられている．例えば，9 月 4 日現在で，日経平均に連動する投信を推計すると，2,709,350 万円となっている．これは，次のように試算する．投資信託協会のウェブサイトにおいて，日経平均連動型の投信と ETF（Exchange-Traded Fund，上場投資信託（証券取引所で取引される投資信託））を推計する．

　上述の (1) と (2) を合算して，15,484 単位分が，新規採用銘柄の買い需要として推計される．より詳細を推計するには，資産額は変わらないので，新規採用銘柄の株価が，除外銘柄より高いと，除外銘柄以外も，微小に売却して，新規採用銘柄の購入代金に充てる必要もあるが，詳細の推計自体は難しいので，実務ではここまでは試算しないケースが多い．

　ただ，より株価の変動に対する影響の大きさをみるには，株式の市場流動性との比較を考えたりする．例えば，過去 3 カ月程度の 1 日平均売買高にたいして，購入株数の比率が何日分か？を計算して，値が大きい銘柄は株価に与えるインパクトが大きいと捉えるものである．

　図 1.1 と図 1.2 にみられるような株価変動となる第二の要因は，コバンザメ投資法を行う投資家の動きである．コバンザメ投資法は明確な定義はないが，次のようなものである．コバンザメとは，ジンベイザメなどの大型水生生物にくっついて行動している魚である．ジンベイザメが餌を食べるときに，おこぼれが出るが．そのおこぼれを貰うために，コバンザメはジンベイザメにくっついている．この関係を投資になぞらえたので，実務の世界では「コバンザメ投資法」といわれるようになった．

　第一の要因で，株式の実需の発生に対して，その上昇に便乗して利益を得る手法である．ジンベイザメである機関投資家の力を借りて，コバンザメである

投資家が利益を得ようとする方法である．こうしたコバンザメ投資を行う投資家が，入れ替え銘柄の発表と，実施日前後の株価変動をより大きくさせる．

こうしたコバンザメ投資法が有効であるか？は様々な検証が行われているが，多くの人が注目するだけに，人々の動きを，より先取りしようという意識が強まっている．すなわちコバンザメ投資法を考えている人が購入する前に，購入しようという考えとなり，投資タイミングが複雑となってきた．ただ，次の傾向はみられるようである．

1) 発表日以降は新規採用銘柄（除外銘柄）は素直に上昇する（下落する）．
2) 実施前日までは，新規採用銘柄（除外銘柄）は素直に上昇する（下落する）．
3) 実施日以降は，新規採用銘柄（除外銘柄）は下落する（上昇する）．

1.5.6 銘柄入れ替え

前項は，日経平均の銘柄入れ替えを取り上げた．そして，銘柄入れ替え時の採用銘柄と除外銘柄の動きを示した．実は，株式指数は，いずれも構成銘柄に変動がある．これは，次の2つのパターンがある．

1) 指数の算出の対象となる市場で，新規上場銘柄，あるいは上場廃止銘柄がある場合に，指数の算出が変わること．
2) 指数を算出している組織が，銘柄の入れ替えを行うこと．

そして，それぞれの指数に連動して運用しているケースは，その連動の程度の大きさには依存するが，少なからず構成銘柄の変動が意識されている．

例えば，パッシブ運用は，運用のパフォーマンスが指数に完全に連動することが求められるものが少なくない．こうしたケースでは，運用しているファンドでは，銘柄の異動を素直に実現するため，指数の新規採用銘柄をその組み入れタイミングにあわせて購入して，除外銘柄に関しては，除外タイミングで売却する．したがって，コバンザメ投資法を実践するには，これらのタイミングに先行する行動が効果的となる．コバンザメ投資法において，対象とする株式指数を選ぶには，次の2つが重要なポイントとなる．

(A) 対象となる指数をベンチマークとする投資家が多いこと．特にパッシブ運用などで用いられることが多いこと．
(B) 対象となる指数の銘柄入れ替えが，市場で注目を集めていること．

まず，(A) に関しては，国内の機関投資家は TOPIX をベンチマークとする投資家が多い．また，外国人投資家は MSCI（Morgan Stanley Capital International）がベンチマークとして，よく利用されている．MSCI は MSCI 社が算出・公表する指数である．

そして，日経平均に関しては連動型投信や ETF は運用規模も多いため，次の 1) に該当する指数として日経平均も含まれる．前項は，日経平均の連動型資金の推計を示したので，ここでは TOPIX 連動資金の推計方法を取り上げる．TOPIX 連動資金として，データが捉えられるベースで例えば，次の 4 項目があげられる．

1) 裁定取引
2) 年金資金
3) 投資信託
4) 簡易保険

まず，1) 裁定取引による残高は，日本経済新聞に日次で掲載されている．裁定取引のポジションは，「裁定買い残」と「裁定売り残」の 2 つがあるが，「裁定買い残」から「裁定売り残」を引いたネットの残高のうち，半分が TOPIX 連動型の裁定と仮定することも考えられる．

次に，2) 年金資金に関しては，TOPIX 連動型の資金が多く，集計は難しい．ここでは公的年金（国民年金と厚生年金）の部分のみ集計を行った．公的年金は GPIF（Government Pension Investment Fund，年金積立金管理運用独立行政法人）を通じて，投資顧問や信託銀行などでの運用が広く行われている．したがって，GPIF の運用状況において，国内株式パッシブ運用額を集計する．

次に，3) 投信に関しては，投資信託協会のウェブサイトにおいて，TOPIX 連動型の投信と ETF（Exchange-Traded Fund）を推計する．

最後に，4) 簡易保険に関しては，かんぽ生命のウェブサイトから，直近のディスクロージャー資料の国内株式パッシブファンドの合計を求める．

次に，(B) に関しては，日経平均の銘柄入れ替えが最も市場で話題とされる．それ以外でも，TOPIX と MSCI の銘柄入れ替えも注目される．

日経平均の入れ替えは前項で示したため，本項では TOPIX と MSCI の入れ替えルールを示す．TOPIX の入れ替えは次のようである．

表 1.9 TOPIX の入れ替えルール

直接上場・指定替え	修正日
市場一部への新規上場（直接上場，他証券取引所経由）	新規上場日の翌月末（最終営業日）
市場一部への指定（指定日が平成 18 年 12 月 4 日以降）	指定日の翌月末（最終営業日）
Mothers からの市場変更	変更日の翌月末（最終営業日）

実際の TOPIX 変更の実施は，修正日の前日終値の株価で行われるため，修正日の前日で売買が発生する．MSCI に関しては，定期見直しにおいて，売買インパクトの上位銘柄は図 1.3 で示すように公表日の上昇が大きいことが注目される．なお，ここでの売買インパクトとは，過去 3 カ月間の 1 日平均売買代金を基準に算出しており，指数の構成比率の算出のベースとなる時価総額に対して，平均売買代金が小さい銘柄ほど，売買インパクトが大きいものと実務的に捉えるケースが多い．

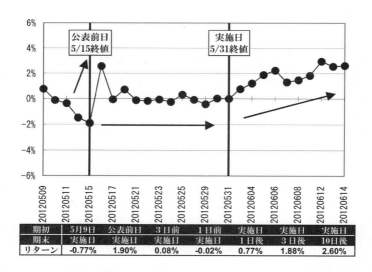

図 1.3 2012 年 5 月定期見直しの売買インパクト上位 5 銘柄の対 TOPIX 累積超過リターン（出所）大和証券

1.5.7 スマートベータ運用

国内機関投資家を資金の出し手で分類すると，投資信託を運用するファンドマネジャーと年金を運用するファンドマネジャーの 2 つに分類される．そのう

1.5 株式指数とベンチマーク

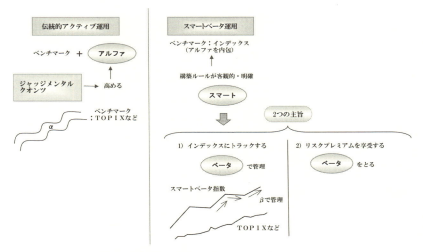

図 1.4　伝統的アクティブ運用とスマートベータ運用

ち年金の運用とは公的な年金や企業年金の資金を運用しているのだが，特に公的年金のなかでも GPIF の動きは，国内の年金運用に大きな影響を与える．

2014 年 4 月 4 日に，その GPIF から「国内株式運用受託機関の選定及びマネジャー・ストラクチャーの見直しについて」が公表された．GPIF が運用委託先を大きく変更したのだが，そのなかで新しい運用手法としてスマートベータ運用を採用したことは市場で大きく注目された．スマートベータ運用は，簡便的なアクティブ運用，あるいはベータの改善のためのツールと捉えられることもあり，様々なニーズに対応して今後拡大していく可能性が高い．

スマートベータに関しては，学術的な研究からのスタートではなく，実務面での有用性などが議論の発端となっていることから，明確な定義はないようだ．徳野 (2013) は，「スマートベータとは時価総額加重で計算された従来の市場型指数を代替する指数群の総称であり，より高いリターンやより低いリスクなどの何がしかの付加価値が盛り込まれた"スマート"な指数」と指摘した．一般に，スマートベータ指数に関しては，「時価総額加重以外のインデックス」とされることが多い．こうした指数には，キャッシュフロー等の企業の財務情報で指数構成比が決定されるファンダメンタルズインデックスや，リスク水準をベースとして構成比が決定される最小分散指数（最小分散ポートフォリオで構

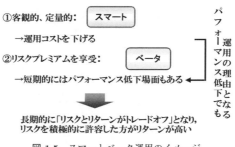

図 1.5 スマートベータ運用のイメージ

成比が決定される指数）などが代表的である．

簡単にいえば，伝統的なアクティブ運用は，運用者のスキルなどにも依存して，ベンチマークに対して高アルファを狙うものである．これに対して，スマートベータ運用は銘柄選別におけるリサーチコストを下げて，投資スタイルを明確にし，客観的なルールからシンプルな指数（インデックス，スマートベータ指数と呼ばれる）を作り（こうした点がスマートといえる），その指数に対する連動性（ベータ）をコントロールする運用として捉えられる．そして，スマートベータにおける「ベータ」にはもう1つの重要な意味がある．それはリスクプレミアムを積極的に享受するという意味である．

スマートベータには，(1) 客観的に定量ルールを決めることで，運用コストを下げるという面（スマート）と，(2) リスクを積極的に許容して，そのプレミアムをとる（ベータ）という面がある．この (2) リスクを積極的に許容することで，リスクプレミアムを享受する運用であれば，パフォーマンスは長期的に評価する必要がある．したがって，スマートベータ運用にシフトすると，ある程度の期間（数年間）は運用の成果を観察する必要がある．そういう意味では，(1) の運用コストが低いことは，短期的にパフォーマンスが悪化した場合でも，長期的な運用姿勢を支援する可能性がある．ただ，スマートベータ運用も市場全体の変動をヘッジをしない限り，市場の変動には影響を受ける．

2

企 業 利 益

2.1 利益予想値

　企業や株式の価値評価（バリュエーション）を行う際に利益の予想値が用いられる．東洋経済新報社の利益予想（会社四季報掲載）が，実証分析で利益予想値として利用頻度が多い．これは，会社四季報を通じて多くの人にとり，データを取得しやすいからである．

　この会社四季報であるが，データは2期先までの予想値が掲載されている．このことが東洋経済予想が広く用いられている理由の1つである．東洋経済新報社の予想利益は，実は，会社四季報のみで公表されるだけではない．会社四季報は，3月，6月，9月，12月の年に4回発行されるものである．しかし，東洋経済新報社と情報提供契約を結べば，日次ベースで東洋経済新報社の記者の予想値を取得することも可能である．すなわち，日次ベースで予想利益が更新される情報も取得できる．例えば，月次サイクルでの分析をする際には，日次ベースで更新された予想利益を用いて，月末ベースで直前の東洋経済新報社からの予想利益が用いられるケースもある．ところで，コンセンサス予想に関しては，**(1)** QUICK，**(2)** I/B/E/S が提供するアナリスト予想の平均値や，**(3)** IFIS が提供する予想などがある．また，予想の平均値だけでなく，アナリスト予想値の分散や最小値，最大値なども用いられるケースもある．

2.2 キャッシュフロー

前節では,利益予想値について取り上げた.ところで,企業の経営成績を捉えるには,一般に,(1) 利益水準(例えば,総資産でデフレートした ROE:株主資本利益率)を観察して収益性を評価するケースや,(2) 利益の伸び率(例えば,変化率)を観察して成長性を評価するケースがある.

こうした企業の経営成績の評価には「利益」が用いられるケースが多い.しかし,近年では経営者の会計操作や不正会計などの企業もみられ,企業が報告する財務諸表の信頼度が注目されている.また,会計ルールのなかでも,企業の報告姿勢が異なることから(例えば,費用の計上を早めに行う企業や,遅い企業があるため),利益に関してはシンプルに企業間の比較が難しいともみられる.そこで,企業の経営成績に関してキャッシュフロー(以後,CF)でみる必要があるとの見方がある.

CF をシンプルに捉えると,会計期間である 1 年間における企業のお金の出入りである.より実感として捉えるなら,例えば,100 円ショップを考えてみる.100 円ショップは現金販売であるから,1 日の売上高は,お客さんに売り上げて,手にした「お金」の 1 日を集計したものである.100 円ショップに行って掛けで買うお客さんはいないだろう.すなわち売上高 = キャッシュのインフローとなる.

一方,行きつけのバーを考えてみる.バーでは,ツケ払いで気軽に飲む客もいるだろう.ツケが効くから,気軽に来る客もいて売上高も増えるかもしれない.しかし,お店にとってツケ(売掛金)は,将来現金が入ってくると考えられるであろう売り上げである.したがって,この場合には,キャッシュインフローは売上高から,ツケ(売掛金)の部分を引いた部分となる.ところで,客が本当に,ツケを払ってくれるのだろうか?払ってくれない客もいるかもしれない.ツケを払ってくれない客が多いと,幾ら見せかけの売上高が大きくても,実態が伴わない.こうした観点から,近年は企業の利益だけではなく,キャッシュフローも観察する必要があるとみられている.

実際に，例を取り上げてみよう．会社四季報の 2015 年 4 集秋号をみると，証券番号 6501 の日立製作所では，16 年 3 月期と，17 年 3 月期の利益予想がそれぞれ掲載されている．ここでは，2015 年 3 月期のキャッシュフローの欄に営業 CF 4,473 億円（2014 年 3 月期 4,394 億円），投資 CF▲6,102 億円（2014 年 3 月期 ▲4,913 億円），財務 CF 2,503 億円（2014 年 3 月期 329 億円）となっている．これらの 3 つの CF は次のようである．

- 営業 CF は会社が本業によって 1 年間に得たキャッシュの量を表している．商品の販売やサービスの提供など，会社の営業活動から得たキャッシュを示す．
- 投資 CF は，投資活動によって生じたキャッシュ金額の増減を表す．有形固定資産，無形固定資産の取得および売却がここに入る．したがって，設備投資などでお金を使うと，投資 CF は減る．
- 財務 CF は営業活動および投資活動を維持するためにどの程度の資金が調達され，返済されたかを表す．借り入れの返済は財務 CF のマイナスとなる．一方，増資はプラスとなる．配当の支払いをすると，マイナスである．

一般には，企業の事業活動によって得たキャッシュから，事業活動で要したキャッシュ支出（運転資本[*1)]）と設備投資や投資に要したキャッシュ支出を差し引いた金額がフリーキャッシュフロー（FCF）と呼ばれる．FCF は，営業 CF と投資 CF の合計値として定義されるケースが多い．ただ，少なからず会社の営業 CF からは支払利息なども引かれており，株主に帰属する営業 CF とも定義される．

2.3 利益とキャッシュフロー

前節では，利益と CF の違いに関して，直感的な解釈と 3 つの CF の種類に関して示した．(1) CF は会計期間に企業が獲得したお金を示すものである．シンプルに企業の収益をみるには，この「お金の出入り」である CF である程度

[*1)] working capital とも呼ばれ，売上債権＋棚卸資産＋その他流動資産－（仕入債務＋その他流動負債）．

捉えることでも可能となる．

　ところで，例えば，企業がある設備を購入したとする．この設備を現金で支払ったとすれば，この購入時点でキャッシュアウトフローとなる（CF がマイナス）．一方，キャッシュインフローの面を考えると，この設備が5年稼動した場合には，5年間はその設備の恩恵からキャッシュインフローが発生する（CF がプラス）．ここで考えられることは，本来の設備購入における CF のマイナスは，将来の5年にわたった CF の獲得のために行われたものである．したがって，企業の経営成績をみるうえでは，設備購入における CF のマイナスを一度に計上するよりは，その後の CF の獲得の期間に対応させて捉えた方がよいと考えられる．こうした考え方が会計原則における，「費用収益対応の原則」である．すなわち，設備の購入における費用は，その設備が収益を生み出す期間に対応して，計上した方が企業の経営成績の実態を表すことができるというものである．例えば，工場として100億円の建物の設備投資をしたとする（ここでは，簡単のために，工場ができた際に一括で現金支払いをしたと仮定する）．5年間の均等償却（定額法）であれば，毎年，$100 \div 5 = 20$ 億円の費用が計上される．しかし，CF の動きは，工場の設立時に支払った100億円がマイナスとなる．こうした違いも，CF と利益の差として生まれる．

　上述のケースを考えると，企業の経営パフォーマンスに関しては CF よりも，利益の方が捉えやすいと考えられる．**(2) 利益は，CF では捉えられない企業の経営パフォーマンスの実態を，会計ルールに基づいて妥当に示すという目的がある．**

　したがって，(1) 妥当な会計処理が行われるならば，CF よりも利益の方が企業の経営パフォーマンスを示すものと捉えられる．また，(2) 利益に関しては，例えば東洋経済新報社では2期先，会社発表では1期先までの予想値が取得できるが，CF の予想値は一般に取得ができない．

　前節で用いた例をここでも取り上げてみる．2015年4集秋号をみると，証券番号6501の日立製作所では，2016年3月期と，2017年3月期の利益予想がそれぞれ掲載されている．しかし，CF の予想値は掲載されていない．したがって，一般に広く，企業のバリュエーション評価などを行う場合には，予想値を使う場合には，CF ではなく利益を使うものを用いるケースが多い．

ところで，ここで，重要なことを確認すると，税引利益とCFについて，企業の一生でそれぞれを時系列に集計すると一致するものである．これは，CFに関して，会計年度における経営パフォーマンスの評価を示すために，経営者が会計ルールに基づいて，加減算して求めたものが利益だからである．

図2.1は，税引利益とCFのサイクルである．ここでは，簡単のため，企業の成長期と衰退期に分類して考えてみる．成長期は，「税引利益＞株主に帰属するCF」の関係となる．これは，設備投資により，CFのマイナスが大きいが，減価償却費は期間按分される等の理由からである．

したがって，利益はプラスでもCFはマイナスとなるケースも少なくない．一方，衰退期では，「税引利益＜株主に帰属するCF」の関係となる．これは，設備投資などが減りCFのマイナスが低下するが，成長期に投資した分の減価償却費の負担が残っているからである．

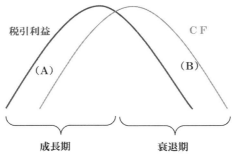

図 2.1 税引利益と CF のサイクル

企業評価のうえでは，これらの関係を意識しておく必要がある．また，利益が企業の経営パフォーマンスの実態を示すためのものであると考えると，企業評価ではCFよりも税引利益を重視すべきとみられる．しかし，経営者は会計ルールのなかで，与えられた裁量のなかで，利益の報告をすることができる．このため，経営者の裁量により経営実態が歪められるという危険性もある．このため，会計不信などが意識される場面では，利益よりもCFを重視した評価が注目される．

2.4 包 括 利 益

　国際会計基準である国際財務報告基準（International Financial Reporting Standards; IFRSs，IFRS）への収斂の流れのなかで，2011年3月期よりわが国の企業も財務報告において包括利益の開示が始まった．
　IFRS の特徴の主要な特徴の1つに，「貸借対照表重視（資産負債アプローチ）」がある．資産負債アプローチは，金融資産，負債などを時価評価したうえで，一会計期間の資産と負債の差額である純資産の増減額を利益とする考え方である．
　一方，日本の会計基準は，収益と費用の期間対応を重視する「損益計算書重視（収益費用アプローチ）」である．収益費用アプローチは，事業活動によって生み出した利益が重要とされ，一会計期間の収益と費用の差額を利益とする考え方である．

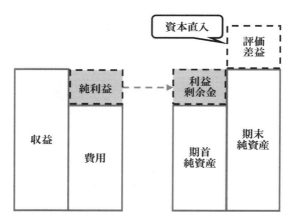

図 2.2　収益費用アプローチ

　これまで，損益計算書のボトムラインの利益（最終利益）として，税引利益が重視されていた．この税引利益は，収益費用アプローチで求められた最終の利益である．一方，包括利益は，期首と期末の純資産残高の変動額で表される．

これは上述した資産負債アプローチによるものである（実際には，包括利益計算書上で，税引利益に加減算して「資産負債アプローチと同様の算出額が求められている」）．

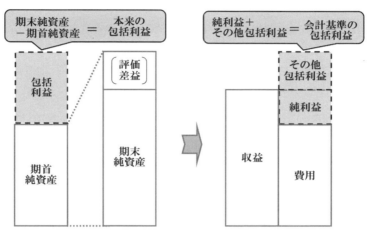

図 2.3 収益費用アプローチ

　包括利益には，税引利益に加えて「純資産残高の変動分」が加算される．企業の持ち合い株式の時価評価変動額，在外子会社の外貨建て表示の財務諸表を円換算する際に生じる貸借差額といった評価損益である．

　ところで，包括利益を使ったバリュエーションの有効性に関する検証が行われている．例えば，PER（Price Earnings Ratio，株価収益率）の算出の際に税引利益の代わりに包括利益を入れるというものである．確かに，株主の帰属価値として，時価と簿価の評価損益を考慮すべきとの考えは妥当かもしれない．しかし，①実際には，資産を売却しないと実現できないことや，②変動が大きいことなどから，包括利益を使ったバリュエーションの有効性は低いことが知られている．また，包括利益には予想データがないことも，バリュエーション評価に用いるうえで難しい点となる．

　2010年3月に東京証券取引所は，上場制度整備懇談会ディスクロージャー部会報告として，「四半期決算に係る適時開示，国際会計基準（IFRS）の任意適用を踏まえた上場諸制度のありかたについて」を公表した．この報告書では，

IFRS 適用後の短信のサマリー情報において，業績予想については売上高，当期利益（親会社の株主に帰属する当期利益を含む）の開示は従来通り求めることとし，営業利益や税引前利益については，「包括利益計算書への開示が強制されていないが，会社が営業利益や税引前利益を基本とするマネジメントを行っている場合はその開示をあわせて求めるのが適当」との考えを示した．ただ，包括利益については，「その他包括利益として開示される項目は，公正価値や為替などの変動に大きく影響を受ける項目が多く，それらを合理的に予測し，開示することは困難であることから開示には適さない」とされた．

表 2.1 短信のサマリーにより予想利益の開示が求められる項目

項目	【日本基準】	【IFRS】
売上高	開示の対象．	包括利益計算書の開示の対象．
営業利益	開示の対象．	包括利益計算書への開示が強制されないが，売上高から当期利益に至るまでの過程を示すことが重要であることから，包括利益計算書上で開示している場合にはサマリーへの開示を求めることが適当．
経常利益	開示の対象．	
税引前利益		包括利益計算書への開示が強制されないが，売上高から当期利益に至るまでの過程を示すことが重要であることから，包括利益計算書上で開示している場合にはサマリーへの開示を求めることが適当．
当期純利益・当期利益	開示の対象．	包括利益計算書の開示の対象．
親会社の所有者に帰属する当期利益	当期純利益として開示．	IFRS では 1 株あたり当期利益の算定根拠となることから開示の対象．
包括利益	開示の対象ではない．	保有金融商品の公正価値変動や海外子会社の為替変動の影響などをあわせた資本取引以外の要因による資本合計への影響額を示すことが重要であることから開示の対象．

※日本取引所グループ，東証・上場制度整備懇談会ディスクロージャー部会報告　2010年3月24日
　四半期決算に係る適時開示，国際会計基準 (IFRS) の任意適用を踏まえた上場諸制度のありかたについて

2.5 税引利益と包括利益

前節では，包括利益に関する概要を示した．包括利益は「純資産の時価の変動も加えた株主の利益」として捉えられる．ところで，この包括利益は企業評価モデルにおいて，重要な意味を持つ「利益」となっている．それは，会計上でクリーンサープラスという概念を用いることで，企業評価がシンプルに記述できるからである．クリーンサープラス会計は「貸借対照表（B/S）の自己資

2.5 税引利益と包括利益　　37

表 2.2　連結株主持分計算書（7203 トヨタ自動車：米国会計基準）

| | | | | 当連結会計年度 | | | | |
| | | | | (平成22年3月31日に終了した1年間) | | | | |
	資本金	資本剰余金	利益剰余金	その他の包括利益・損失(△)累計額	自己株式	株主資本合計	非支配持分	純資産合計
平成21年3月31日現在残高	397,050	501,211	11,531,622	△1,107,781	△1,260,895	10,061,207	539,530	10,600,737
非支配持分との資本取引及びその他		△2,116				△2,116	△2,748	△4,864
当期発行額		2,236				2,236		2,236
包括利益								
当期純利益			当期純利益 209,456			209,456	34,756	244,212
その他の包括利益								
外貨換算調整額			その他の包括利益・損失	9,894		9,894	5,721	15,615
未実現有価証券評価益＜組替修正考慮後＞				176,407		176,407	4,095	180,502
年金債務調整額				74,645		74,645	98	74,743
包括利益合計			包括利益			470,402	44,670	515,072
当社株主への配当金支払額			△172,476			△172,476		△172,476
非支配持分への配当金支払額							△10,732	△10,732
自己株式の取得及び処分					470	470		470
平成22年3月31日現在残高	397,050	501,331	11,568,602	△846,835	△1,260,425	10,359,723	570,720	10,930,443

本 B_t の前期末との差 $B_t - B_{t-1}$ が，利益 E_t から配当 D_t を除いた額に等しい」ことである．

$$B_t - B_{t-1} = E_t - D_t \tag{2.1}$$

ところで，こうした利益に関しては，従来の日本の会計基準では公表されなかったことから，過去からのヒストリカルデータの検証が難しい．一方，包括利益に関しては，既に米国会計基準を採用している企業においては，連結株主持分変動計算書により非支配持分利益を含めた包括利益が開示されている（2008年 12 月 15 日以降に始まる会計年度で適用）．

また，これらの米国会計基準を採用した企業の包括利益を個々に取得して各自でデータベースを作っても，それは表 2.2 に示す米国会計基準を採用している企業のみに止まってしまう．

そこで，わが国の財務諸表の貸借対照表（B/S），損益計算書（P/L），株主資本等変動計算書（S/S）で開示されている項目から包括利益を試算することにした．上述したが，包括利益では示すように「支配持分」と「非支配持分」の 2 つの主体に属するそれぞれの「利益」に，これらの 2 つの主体の持分に属するそれぞれの「その他包括利益」を合算することで算出される．ここで支配持分に対応する利益が既存の「純利益」，非支配持分に対応する利益が既存の「少

表 2.3 包括利益の計算項目

コード	項目名	説明	収録場所
P/L①	少数株主損益	少数株主持分に属する利益.	損益計算書
P/L②	純利益		損益計算書
B/S①	評価換算差額等合計	B/S②+B/S③+B/S④	貸借対照表
B/S②	繰延ヘッジ損益（純資産）		貸借対照表
B/S③	再評価積立金・差額金	再評価準備金を含む.	貸借対照表
B/S④	（連結日本・連結SEC）その他資本調整勘定合計 (SEC)その他包括損益累計額	（連結日本・連結SEC）B/S⑤+B/S⑥+B/S⑦+B/S⑧+B/S⑨ （単独）B/S⑥+B/S⑦+B/S⑧+B/S⑨	貸借対照表
B/S⑤	為替換算調整勘定（資本）	為替レートの換算から生じた換算差額.	貸借対照表
B/S⑥	未実現有価証券評価損益（資本）		貸借対照表
B/S⑦	年金債務調整勘定（資本）		貸借対照表
B/S⑧	未実現デリバティブ評価損益（資本）		貸借対照表
B/S⑨	その他の調整勘定（資本）		貸借対照表
S/S①	評価換算差額等当期変動額	S/S②+S/S③+S/S④+S/S⑤+S/S⑥	株主資本等変動計算書
S/S②	再評価差額金当期変動額		株主資本等変動計算書
S/S③	繰延ヘッジ損益当期変動額		株主資本等変動計算書
S/S④	その他有価証券評価差額金当期変動額		株主資本等変動計算書
S/S⑤	為替換算調整勘定当期変動額		株主資本等変動計算書
S/S⑥	その他評価換算差額等当期変動額		株主資本等変動計算書

数株主利益」に該当する．そして，支配持分に対応するその他包括利益が既存の「評価・換算差額」の当期変動額とほぼ同等と捉えられる．

日本の会計基準の貸借対照表（B/S）で開示されている項目からは，非支配持分のその他包括利益が取得できない．そこで，非支配持分のその他包括利益の項目を除いた以下に示す式で包括利益と捉えた．

連結ベースの包括利益の算出は，株主資本等変動計算書（S/S）の項目を用いた．これは表 2.3 の項目に関して以下の（2.2）式で求めた．評価・換算差額については，株主資本等変動計算書（S/S）に当期変動額が記載されていることから，開示が始まった 2006 年以降はこちらを用いた．

$$\text{「P/L 上の少数株主損益」} + \text{「P/L 上の純利益」} + \text{「S/S 上の評価・換算差額等当期変動額」} \tag{2.2}$$

また，株主資本等変動計算書（S/S）の開示が始まる 2006 年以前は，貸借対照表（B/S）の純資産の部の評価・換算差額合計額の前年との差額を用いて以下の（2.3）式で求めた．

$$\text{「P/L 上の少数株主損益」} + \text{「P/L 上の当期利益」} + \text{「B/S 上の評価・換算差額等合計額」の前年との差額} \tag{2.3}$$

一方，単体ベースの包括利益は，少数株主損益の項目はないため，株主資本等変動計算書（S/S）の項目を用いて以下の（2.4）式で求めた．

2.5 税引利益と包括利益

「P/L 上の純利益」＋「S/S 上の評価・換算差額等当期変動額」　　(2.4)

そして，連結同様，株主資本等変動計算書（S/S）の開示が始まる 2006 年以前は，貸借対照表（B/S）の純資産の部の，評価・換算差額合計額の前年との差額を用いて以下の (2.5) 式で求めた．

「P/L 上の純利益」＋「B/S 上の評価・換算差額等合計額」の前年との差額　(2.5)

念のための再度の確認であるが，日本基準で包括利益を求めて過去の遡及をする場合には，現状の包括利益の部分から，「非支配持分」の「その他包括利益」は開示されていないため，加算できないことが留意点である．

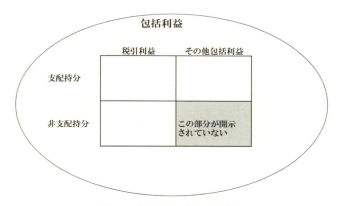

図 2.4　包括利益の算出の留意点

3

株式評価

3.1 株式評価手法の分類

株式評価方法には様々な種類があり,また,方法の分類も多岐にわたる.そのなかで,主な分類方法は,図 3.1 に示すように

1) マーケットアプローチとバリューアプローチ
2) 収益力評価モデルと資産価格評価モデル
3) 絶対評価アプローチと倍数アプローチ

の 3 つとなる.

まず,「1) マーケットアプローチとバリューアプローチ」に関しては,次のようである.

「企業の価値との関連において株式の根源的価値を決定しようとするモデル群」をバリューアプローチのモデルと呼ぶ.一方,「株式市場で株価がどのよう

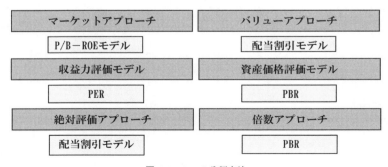

図 3.1 3 つの分類方法

3.1 株式評価手法の分類

に決定されているかを分析し，モデル化したもの」をマーケットアプローチと呼ぶ．マーケットアプローチは，第6章で示されるように，収益率（リターン）の変動，すなわち，資本コストを決定するモデルとして，Sharpe（1964）の CAPM（Capital Asset Pricing Model，資本資産評価モデル）をベースとして，Fama and French（1993）で考案された Fama–French 3 ファクターモデル，そして近年では，さらに拡張して Carhart（1997）の4ファクターモデル，Pastor and Stambaugh（2003）の5ファクターモデルへと発展した．また，一方で，Fama and French（2015）では ROE をファクターに用いた別の5ファクターモデルが考案された（第6章参照）．

ほかにマーケットアプローチの代表的なモデルとして，Wilcox（1984）の P/B-ROE モデルなどがある．同モデルは，株式市場において，ROE（株主資本利益率）に対する PBR（株価純資産倍率）との関係を捉えるアプローチである．マーケットアプローチによる具体的な銘柄の選別は，経営指標やバリュエーションとの間で回帰分析を行い，その傾向線からの乖離を投資尺度とするものである．

一方，バリューアプローチとは，企業のミクロ財務情報などをベースに株式価値の推計を行うものである．株主の価値は配当の流列の現在価値の合計とされる配当割引モデルや，そのモデルを発展させた形などがある．

次に，「2) 収益力評価モデルと資産価格評価モデル」に関しては，次のようである．企業の価値は収益力と資産価値の2つの面から評価することができる．収益力評価によるバリュエーションの代表が PER（Price Earnings Ratio，株価収益率）であり，資産価格評価によるバリュエーションの代表が PBR（Price Book value Ratio，株価純資産倍率）である．近年は，運用実務においても，これらの2つを相互に補完する形のバリュエーションモデルも用いられている．

そして，収益力評価モデルにおいても，PER のように1期間の利益のみを用いて，株価が何倍まで買われているかを捉えるバリュエーションに関して，本稿では，倍数アプローチと呼ぶことにする．これに対して，株式の絶対評価を行い，妥当株価を市場価格で除した V/P レシオ（value to price ratio）を投資指標とするものを絶対評価アプローチと呼ぶことにする．こうした分離が最後に取り上げた，「3) 絶対評価アプローチと倍数アプローチ」である．絶対評

価アプローチは，株式の妥当価値を直接推計する．しかし，妥当価値の算出には，様々なパラメータの推計が必要となる．現実的には推計が困難なケースもある．一方，倍数アプローチはシンプルなバリュエーションの推計ができる．

以上，述べた3つの方法における分類は，それぞれ分類において，厳密に区別できるものではない．しかし，バリュエーションモデルを体系的に捉えるうえでは，有用なものとなる．

3.2 マーケットアプローチ

本節では前節で示した分類方法の，「1) マーケットアプローチ」について述べる．

3.2.1 P/B-ROE モデルのフレームワーク

マーケットアプローチの，代表的なモデルには，Wilcox (1984) の P/B-ROE モデルなどがあることは，既に指摘した．同モデルは，株式市場において，ROE (株主資本利益率) に対する PBR (株価純資産倍率) の関係をモデル化するものである．Wilcox (1984) におけるモデルのフレームワークは次のようである．

$$\frac{P_{i,0}}{B_{i,0}} = \frac{P_{i,t}}{B_{i,t}} \times e^{(g_{i,t}-k_{i,t})t} + \frac{d_{i,t}}{k_{i,t}-g_{i,t}}\left\{1 - e^{(g_{i,t}-k_{i,t})t}\right\} \quad (3.1)$$

$P_{i,t}/B_{i,t}$：i 銘柄の t 時点における PBR，$P_{i,0}/B_{i,0}$ は 0 時点 (起点) の PBR，

$g_{i,t}$：i 銘柄の t 時点における自己資本の予想成長率，

$d_{i,t}$：i 銘柄の t 時点における自己資本に対する配当の利回り，

$k_{i,t}$：i 銘柄の t 時点における期待株主資本コスト．

ここで簡単のために，配当を $d = 0$ と仮定すると (3.2) 式となる．

$$\frac{P_{i,0}}{B_{i,0}} = \frac{P_{i,t}}{B_{i,t}} \times e^{(g_{i,t}-k_{i,t})t} \quad (3.2)$$

両辺の自然対数をとると (3.3) 式である．

$$\ln\left(\frac{P_{i,0}}{B_{i,0}}\right) = \ln\left(\frac{P_{i,t}}{B_{i,t}}\right) - (k_{i,t} - g_{i,t})t \quad (3.3)$$

ここで $(k_{i,t} - g_{i,t})$ は期待資本コストの $k_{i,t}$ から自己資本の予想成長率 $g_{i,t}$ が

ROE の関数として考える．この前提は実感とも整合する．ROE の分子に当たる利益のうち，内部留保部分が翌年の自己資本に組み入れられるからである．企業の成長率を上回る投資家の期待資本コストは，自己資本に対する利益率が決定要因として大きく支配するということである．なお $\ln(P_{i,0}/B_{i,0})$ は起点の PBR として 0 とすると (3.4) 式となる．

$$\ln\left(\frac{P_{i,t}}{B_{i,t}}\right) = (k_{i,t} - g_{i,t})t \tag{3.4}$$

3.2.2 PBR の計算方法の実際

既に述べた PBR に関して本項では実際の PBR の計算方法を示す．PBR は (3.5) 式で求められることは，既に示している．

$$\text{PBR} = \frac{株価}{1株当たり純資産} \tag{3.5}$$

ここで，1 株当たり純資産（Book value Per Share; BPS）は，期末純資産額を期末株式数で除した数値である．期末株式数は，期末の普通株式の発行済株式数から普通株式の自己株式数を除いた値を用いる．

それでは実際に，2012 年 9 月 28 日の神戸製鋼所（5406）の終値ベースでのPBR の計算を行ってみる．神戸製鋼所の終値は，62 円であった．「BPS（実績）連 171.84（2012/03）」となっているため，62 ÷ 171.84 = 0.36 倍となる．

それでは，実際の BPS はどのように計算されているか，BPS の計算ルールは，資産の総額から負債の総額を控除した金額をいい，なお，東証の上場関係規則上の株主資本（純資産）の額は，連結貸借対照表の資本の部の合計額に，所定の準備金等を加えて得た額となっている．

そこで，2012 年 3 月期決算における神戸製鋼所（5406）の「平成 24 年 3 月期 決算短信［日本基準］（連結）」を使って，計算を行う．まず，1 ページ目の表紙の 1 株当たり純資産（BPS）として 171.84 円が表示されている．この具体的な BPS の算出は，次のようである．決算短信の 9 ページ目の純資産の部は表 3.1 となる．純資産合計が 571,258（百万円）であるが，この値がそのまま用いられるのではない．ここから，少数株主持分となる 55,578（百万円）を引いた，515,680（百万円）が用いられる．これは，2006 年 5 月の会社法施行を受けて 2006 年 4 月に金融庁が公表した「企業内容等の開示に関する内閣府令」

表 3.1　神戸製鋼所の決算短信の純資産の部

(単位：百万円)

	当連結会計年度 (平成24年3月31日)
資産の部	
株主資本	
資本金	233,313
資本剰余金	83,125
利益剰余金	280,582
自己株式	△ 51,627
株主資本合計	545,393
その他の包括利益累計額	
その他有価証券評価差額金	13,020
繰延ヘッジ損益	△ 1,013
土地再評価差額金	△ 4,140
為替換算調整勘定	△ 37,579
その他の包括利益累計額合計	△ 29,713
少数株主持分	55,578
純資産合計	571,258

では，有価証券届出書・報告書ならびに決算短信において，ROE，自己資本比率，1株当たり純資産の計算方法が変更されたことによるものである．それによると，1株当たり純資産で用いられる自己資本は，純資産から新株式申込証拠金，新株予約権および少数株主持分を差し引いたものと定義されている．

神戸製鋼所の場合には，「新株式申込証拠金，新株予約権」がないことから，「少数株主持分」のみ，除かれる．

一方，前述の形で求めた PBR の算出用の純資産を発行済株式数で除して，BPS が求められるが，発行済み株式数の算出にも注意が必要である．決算短信の2ページには，「(3) 発行済株式数（普通株式）」の表示がある．24年3月期が，1) 期末発行済株式数（自己株式を含む）が，3,115,061,100 株となっている．しかし，ここから期末自己資本株式数 114,135,266 株を引く必要がある．これは，表3.1で，純資産の計算から自己株式の −51,627 百万円が除かれていることに対応する．したがって，3,115,061,100 株 −114,135,266 株 =3,000,925,834 株となる．

そこで，PBR の算出用の BPS として，(3.6) 式が用いられる．その結果，171.84円が求められる．

$$\text{神戸製鋼の BPS} = \frac{515,680 \text{百万円}}{3,000,925,834 \text{株}} = 171.84 \text{円} \tag{3.6}$$

以上が，金融庁が示したルールとなっている．しかし，広く一般には，企業が保有する自己株式数のデータの取得が難しいケースがあり，運用実務では発行

3.2.3 PBR と ROE の新旧の計算ルール

前項で PBR の計算を示した．PBR が (3.5) 式により求められることは，前述したが，この (3.5) 式の分母と分子に発行済株式数を乗じてみる．

$$\text{PBR} = \frac{株価}{1株当たり純資産} = \frac{株価 \times 発行済株式数}{1株当たり純資産 \times 発行済株式数} = \frac{時価総額}{純資産} \quad (3.7)$$

前項では，2006 年 5 月の会社法施行を受け，2006 年 4 月に金融庁が公表した「企業内容等の開示に関する内閣府令」による純資産の算出方法を示した．こうした適応は，新会社法施行日（2006 年 5 月 1 日）以後，終了する事業年度，中間会計期間からの適用となった．すなわち，2005 年 5 月が決算期末（あるいは，中間決算期末）に対応して報告する財務諸表から適用される．

過去のデータを用いて株式分析，株価変動のモデル推定を行うことから，新会社法の改正後と，改正前における対応関係を把握しておくことは必要である．新会社法の改正後と，改正前における対応は以下に示される．

1) ROE（有価証券報告書等では「自己資本利益率」，決算短信では「自己資本当期純利益率」）

   〈連結に関して新会社法の改正前〉

$$\text{ROE} = \frac{当期純利益}{純資産}\text{*1)} \quad (3.8)$$

   - 決算短信の記載要領では，分母は期首・期末の平均値とされている．
   - 開示府令では従来から「自己資本利益率」，決算短信では「株主資本当期純利益率」と称していた．

   〈連結に関して新会社法の改正後〉

$$\text{ROE} = \frac{当期純利益}{純資産 - 新株予約権 - 少数株主持分} \quad (3.9)$$

[*1)] 改正前において，当該純資産は「資本の部」として表示され，繰延ヘッジ損益，新株予約権，少数株主持分は含まなかった．改正前の決算短信記載要領では「新株式払込金」を控除することとされていたが，該当項目は 2004 年 10 月の商法改正により不要となったため，廃止された．

- 決算短信の記載要領では，分母は期首・期末の平均値とされている．
- 開示府令では従来から「自己資本利益率」，決算短信では「自己資本当期純利益率」と称している．

〈個別に関して新会社法の改正前〉

$$\text{ROE} = \frac{\text{当期純利益}}{\text{純資産}^{*2)}} \qquad (3.10)$$

- 決算短信の記載要領では，分母は期首・期末の平均値とされている．
- 開示府令では従来から「自己資本利益率」，決算短信では「株主資本当期純利益率」と称していた．

〈個別に関して新会社法の改正後〉

$$\text{ROE} = \frac{\text{当期純利益}}{\text{純資産} - \text{新株予約権}} \qquad (3.11)$$

- 決算短信の記載要領では，分母は期首・期末の平均値とされている．
- 開示府令では従来から「自己資本利益率」，決算短信では「自己資本当期純利益率」と称している．

2) 自己資本比率

〈連結に関して新会社法の改正前〉

$$\text{自己資本比率} = \frac{\text{純資産}^{*3)}}{\text{総資産}^{*4)}} \qquad (3.12)$$

- 決算短信の記載要領では，分母は期首・期末の数値とされている．
- 開示府令では従来から「自己資本比率」，決算短信では「株主資本比率」と称していた．

〈連結に関して新会社法の改正後〉

---

*2) 改正前において，当該純資産は「資本の部」として表示され，繰延ヘッジ損益，新株予約権は含まなかった．改正前の決算短信記載要領では「新株式払込金」を控除することとされていたが，該当項目は 2004 年 10 月の商法改正により不要となったため，廃止された．

*3) 改正前において，当該純資産は「資本の部」として表示され，繰延ヘッジ損益，新株予約権，少数株主持分は含まなかった．

*4) 改正前の決算短信記載要領では，連結決算短信では期末の負債の部と少数株主持分と資本の部の合計，個別決算短信では期末の負債の部と資本の部の合計とされていた．

$$自己資本比率 = \frac{純資産 - 新株予約権 - 少数株主持分}{総資産} \quad (3.13)$$

- 決算短信の記載要領では，分母は期首・期末の数値とされている．
- 開示府令，決算短信とも「自己資本比率」と称している．

〈個別に関して新会社法の改正前〉

$$自己資本比率 = \frac{純資産^{*5)}}{総資産^{*4)}} \quad (3.14)$$

- 決算短信の記載要領では，分母は期末の数値とされている．
- 開示府令では従来から「自己資本比率」，決算短信では「株主資本比率」と称していた．

〈個別に関して新会社法の改正後〉

$$自己資本比率 = \frac{純資産 - 新株予約権}{総資産} \quad (3.15)$$

- 決算短信の記載要領では，分母・分子とも期末の数値とされている．
- 開示府令，決算短信とも「自己資本比率」と称している．

3) BPS（1株当たり純資産）

〈連結に関して新会社法の改正前〉

$$\mathrm{BPS} = \frac{純資産^{*1)} - (A + B + C + D)}{発行済株式数^{*6)}} \quad (3.16)$$

A：新株式払込金$^{*7)}$，または，新株式申込証拠金
B：自己株式払込金$^{*7)}$，または，自己株式申込証拠金
C：普通株式よりも利益配当請求権または残余財産分配請求権が優先的な株式の発行金額（当該優先的な株式に係る資本金及び資本剰余金の合計額）

---

*5) 改正前において，当該純資産は「資本の部」として表示され，繰延ヘッジ損益，新株予約権は含まなかった．
*6) 普通株式の期末の発行済株式数から期末の普通株式の自己株式数を控除する．
*7) 「新株式払込金」「自己株式払込金」という用語は2004年10月の商法改正により不要となったため削除された．

D：当期に係る利益処分による社外流出額項目であって普通株主に関連しない金額 *8)

〈連結に関して新会社法の改正後〉

$$\text{BPS} = \frac{\text{純資産} - (A + B + C + D + E + F)}{\text{発行済株式数} \,^{*6)}} \quad (3.17)$$

A：新株式申込証拠金

B：自己株式申込証拠金

C：普通株式よりも配当請求権または残余財産分配請求権が優先的な株式の払込金額（当該優先的な株式に係る資本金及び資本剰余金の合計額）

D：当該会計期間に係る剰余金の配当であって普通株主に関連しない金額 *8)

E：新株予約権

F：少数株主持分

〈個別に関して新会社法の改正前〉

$$\text{BPS} = \frac{\text{純資産} - (A + B + C + D)}{\text{発行済株式数} \,^{*6)}} \quad (3.18)$$

A：新株式払込金 *7)，または，新株式申込証拠金

B：自己株式払込金 *7)，または，自己株式申込証拠金

C：普通株式よりも利益配当請求権または残余財産分配請求権が優先的な株式の発行金額（当該優先的な株式に係る資本金及び資本剰余金の合計額）

D：当期に係る利益処分による社外流出額項目であって普通株主に関連しない金額 *8)

〈個別に関して新会社法の改正後〉

$$\text{BPS} = \frac{\text{純資産} - (A + B + C + D + E)}{\text{発行済株式数} \,^{*6)}} \quad (3.19)$$

A：新株式申込証拠金

---

*8) 改正前は役員賞与を控除していたが，企業会計基準第4号により，役員賞与は対象事業年度において費用計上されることになったため，改正後に特に控除する必要がなくなった．

B：自己株式申込証拠金

C：普通株式よりも配当請求権または残余財産分配請求権が優先的な株式の払込金額（当該優先的な株式に係る資本金及び資本剰余金の合計額）

D：当該会計期間に係る剰余金の配当であって普通株主に関連しない金額 *8)

E：新株予約権

以上のように PBR と同様に，自己資本利益率（Return On Equity; ROE）の計算に用いられる自己資本も変更されたが，ROE に用いられる自己資本と，PBR に用いられる純資産の違いは，新株式申込証拠金である．新株式申込証拠金は新株発行日（払込期日）前に企業が受け取っている金銭であるので，新株は未だ発行済み株式数に反映されていない．したがって，PBR を算出する際の1株当たり純資産の算定において，新株式申込証拠金が控除されている．自己資本比率，1株当たり純資産（Book value Per Share; BPS）も変更された．

3.2.4　株主資本と純資産

前項で ROE の算出を示したが，ROE は自己資本利益率のほかに，一般には株主資本利益率とも呼ばれている．ただし，正確には自己資本＝株主資本ではないことには注意が必要である．

実は，2006年5月の会社法施行前は，新株式申込証拠金の点を除くと，「株主資本＝自己資本＝純資産＝資本の部」となっていた．

しかし，改正後は，1) 資本の部がなくなり，2) 負債と資本の中間的な要素として捉えられていた，少数株主持分が純資産となった，そして 3) 新株予約権も純資産に加えられた．

図 3.2 が，こうしたイメージである．こうした趣旨の背景には，改正後は「負債」は明確に負債として捉えられるもののみとして，例えば，新株予約権などの，将来の自己資本となる可能性のものは，負債から除いたのである．

そして，純資産の一部分に「株主資本」という部分が明記されたため，株主資本＝自己資本ではなくなったのである．

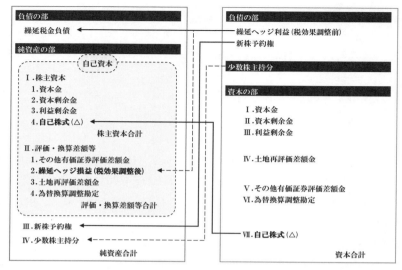

図 3.2　新旧の自己資本

3.2.5　株式の期待収益率（期待リターン）と株主資本コスト

　株式の期待収益率（期待リターン）は，需要サイドの投資家からみれば，リスクのある株式に投資することに対する要求収益率（要求リターン）である．一方，供給サイドである企業の側からみれば，株式資本の提供者である株主に対して支払う資本コスト（株主資本コスト）である．

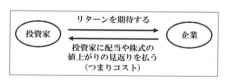

図 3.3　期待収益率（期待リターン）と株主資本コスト

　こうした考え方を，実感として示すと次のようである．投資家は資金を無リスクの国債に投資してよいが，あえて，株式を購入することは，リスクをとっても，国債の利回り以上の収益率（リターン）を期待するということである．こうした投資家が許容するリスクに対して期待する収益率（リターン）が「期待収益率（期待リターン）」である．

一方，株主が期待する収益率（リターン）は，企業側からみれば達成すべきミッションである．企業側はこのミッションに対して，キャピタルゲイン（値上がり益）とインカムゲイン（配当）の形で株主に応じなければいけない．これは企業側からみるとコストとなる．すなわち株主資本に対するコストとなる．

そして，株式の期待収益率（期待リターン）と株主（資本コスト）の推計に関して，過去からの収益率（リターン）のサンプルを使って，それらのサンプルの平均値により推計したものは，ヒストリカル法と呼ばれる．また，株式市場における実際の株価からインプライされた資本コストを推計する方法は，インプライド法と呼ばれる．

3.2.6　財務諸表と株式リターン：ROE の平均回帰

前項では，代表的な企業の経営指標として，ROE と株式収益率（リターン）との関係を述べた．基本的に，ROE が高い銘柄は将来の収益率（リターン）が高い傾向が期待される．しかし，ROE に関しては，長期的には平均回帰という考え方がある．これは，後ほど紹介する残余利益モデル（Edwards–Bell–Ohlson モデル：EBO モデル）において，将来の ROE の流列を予測する際にも重要な論点とされる．

ROE の平均回帰に関しては，2つの観点で捉えられる．まず，(1) ROE はヒストリカル方向に過去の平均に回帰する傾向があるということ，次に，(2) ROE は業種などのクロスセクション平均に回帰する傾向があるということである．例えば，村宮（2005）では「筆者は，1986 年から 2003 年の連結財務データを用い，日本企業の ROE の時系列推移を確認し，現実に日本企業の ROE が，大体 10 年かけて，平均回帰する傾向にあるという結果を得ている」と述べている．

これは，高い（低い）ROE の銘柄は，将来低下（上昇）するということである．例えばある企業が，事業の成功により一時的に高収益を得て高い ROE を実現したとしても，他社の追随などから競争優位の持続は難しいと考えたからである．

こうした傾向から考えると，高 ROE 銘柄の株式リターンは長期的に高くなるとの期待は難しくなるかもしれない．株式市場では，長期リターンリバーサルというのが観察される傾向がある．長期的に他の銘柄と相対的に下落が大き

かった銘柄は，将来の収益率（リターン）が上昇する傾向があるということである．長期リターンリバーサルの背景には，こうした ROE の平均回帰性があるとの指摘もある．

3.3 バリューアプローチ

3.3.1 株式評価モデルの原点は配当割引モデル

バリューアプローチの代表的なモデルは，配当割引モデル（dividend discount model）である．同モデルは株式評価モデルの原点となる．株式の妥当価値はその株主が株式を持ち続けることで将来にわたって受け取る現金収入の現在価値である．そして実際に受け取る現金収入が配当金であるため，それを妥当な割引率で割り引いて現在価値を求める．具体的には（3.20）式の形で算出される．

$$\text{株価} = \frac{1\text{期後の}1\text{株当たりの配当金}}{1+\text{割引率}} \\ + \frac{2\text{期後の}1\text{株当たりの配当金}}{(1+\text{割引率})^2} \\ + \cdots\cdots\cdots\cdots\cdots\cdots \\ + \frac{n\text{期後の}1\text{株当たりの配当金}}{(1+\text{割引率})^n} \\ + \cdots\cdots\cdots\cdots\cdots\cdots \tag{3.20}$$

ここで，n は将来のある時期を表している．

ところが実際に株式の妥当価格を求める場合に，この伝統的な配当割引モデルの形がそのまま使われることはほとんどない．理論的な整合性をとる形で展開された別のモデルが使われる．

以下では代表的な4つの企業評価モデルを取り上げて，実務的に利用する観点を中心に比較を行った．非常に重要な点として，ここでは各モデルの名称を株式評価モデルではなく企業価値評価モデルに改めている．

3.3.2 企業価値評価モデルの4つの分類

現在，一般に用いられる株式評価モデルは図 3.4 で掲げたように，企業価値評価の算出方法と投資資本の価値の2つの基準を用いて4つに分類される．そ

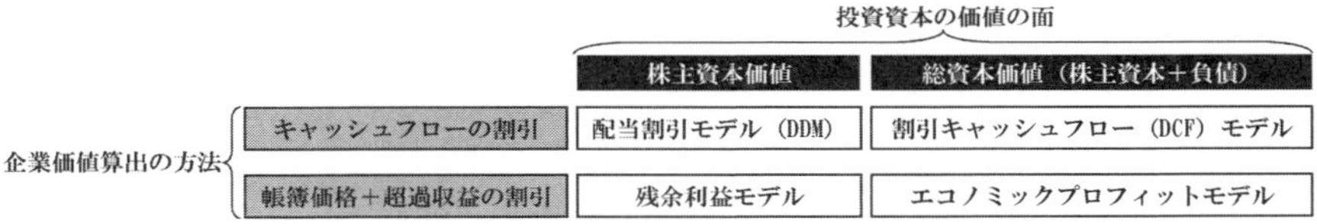

3.3 バリューアプローチ

	投資資本の価値の面	
企業価値算出の方法	株主資本価値	総資本価値（株主資本＋負債）
キャッシュフローの割引	配当割引モデル（DDM）	割引キャッシュフロー（DCF）モデル
帳簿価格＋超過収益の割引	残余利益モデル	エコノミックプロフィットモデル

図 3.4　4つの株価評価モデルの分類

こで4つの分類からそれぞれ代表的なモデルを取り上げた．なお，エコノミックプロフィットモデルは EVA[*9) と類似概念である．縦軸の分類の基準は企業価値評価の算出の方法，つまり実際の計算式に着目した分類である．横軸は投資資本の価値に着目した分類だ．この2つの基準は企業価値評価モデルを利用するうえで意識すべきポイントである．そこで以下ではこの2つの基準を意識しながら，4つに分類された企業価値評価モデルを比較した．

3.3.3　配当割引モデル

図 3.4 の左上の配当割引モデルは「株主資本価値」を評価の対象として，それを「キャッシュフローの割引」により求めるモデルである．

既に配当割引モデルは（3.20）式で取り上げた．しかし再度（3.21）式の形で捉え直した．株主価値総額（V_0）の妥当価値は，将来の配当金（D_i）を資本コストで割り引いて現在価値に直したものの合計であることを表す．（3.20）式は1株の価値を求める式だが，（3.21）式は株主価値全体の評価額を求める形である．（3.20）式の両辺に発行済株式数を乗じれば（3.21）式に変形できる．

$$V_0 = \sum_{i=1}^{\infty} \frac{D_i}{(1+k)^i} \tag{3.21}$$

ここで，D_i は i 期後に企業が支払う配当総額，k は株主資本コストである．

一般に運用実務で妥当株式価格を求める目的は，株式の市場価格が妥当価格と比べてどの程度割高か？，もしくは，割安か？を投資の判断に用いるものだ．割安銘柄を選別するだけでなく，どの程度買われすぎているか？つまり保有銘柄の売り時をみる尺度としても利用可能だ．さらにリスクモデルのファクターの1つに用いられる場合もある．

[*9)　Stern Stewart 社の登録商標．2016 年 8 月時点では，Stern Value Management 社である．

割高・割安度の判断には (3.22) 式の V/P レシオが用いられる．(3.22) 式は実際の市場評価額に対して妥当評価額が上回っているか？をみるもので，この値が 1 を上回っていれば割安であり，値が大きい方が割安度が強いことを示す．

$$割高・割安度 = \frac{妥当株主価値評価}{株式価値市場評価} \tag{3.22}$$

ところで，運用実務上で (3.21) 式のままの配当割引モデルを直接用いて企業価値評価を行うケースは多くはない．この要因として以下の 2 点による．

1) わが国の企業は原則的に業績と配当の連動性が小さく，業績が変動しても配当は固定される場合が多かった．このため配当の成長と企業の成長の関係が捉えにくい．

2) 配当は企業の経営ビジョンによる配当政策に基づくため予測が困難である．

上記のわが国の企業の固定配当の背景には，1980 年代のバブル経済期までの高度成長の名残がある．経済全体の成長が大きければ，企業の利益を配当として株主に還元せず，内部留保を増やして事業を拡大することで企業の成長に繋がる．これが将来の株主価値増大に繋がるからだ．投資家も株価の値上がり益に注目を集め，配当に対する意識は低かった．

しかし，近年は，以前と比べると配当と業績の関係が高まる傾向がみられる．経済全体が低成長のなか，企業側も配当性向を高める必要が強まったからである．

3.3.4　割引キャッシュフローモデル

a.　割引キャッシュフローモデルの概要

近年，最も注目されている企業価値評価モデルは割引キャッシュフローモデル（以下，割引 CF モデルと略す）であろう．このモデルの特徴は，配当割引モデルと同様に「キャッシュフローの割引」により妥当評価額を算出する点だ．ただ図 3.5 で示すように評価の対象が株主資本価値のみではなく負債も合算した使用総資本であることが配当割引モデルと異なる特徴である．

具体的には (3.23) 式により求める．企業価値 (V_0) は現在価値に割り引いた将来のフリーキャッシュフロー（以下，FCF という）の合計により求めるものだ．

$$V_0 = \sum_{i=1}^{\infty} \frac{\text{FCF}_i}{(1 + \text{WACC})^i} \tag{3.23}$$

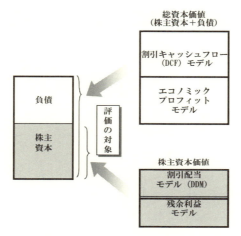

図 3.5 企業価値評価の対象

ここで，FCF_i は i 期間後のフリーキャッシュフロー，WACC は加重平均資本コストである．

b. フリーキャッシュフロー（FCF）とは

ここでFCFについて確認しておく．まず，キャッシュフローは1年間の会計年度を考えた場合に，企業が保有するキャッシュの前期末と当期末の増減である．そして，FCFとは資金提供者である株主と債権者が自由に分配することが可能な部分のキャッシュフローという意味である．定義は「営業キャッシュフローから運転資本への投資と設備投資，資本支出[*10]を差し引いたもの」である．

FCFを考えるうえで企業活動を整理しておく必要がある．図3.6で示すように企業活動は営業活動と投資活動，そして財務活動に分けられる．FCFは営業活動と投資活動を合わせた事業活動から生まれたキャッシュフローである．

通常，余裕資金を有価証券に投資する取引は財務活動に含める．ただ，キャッシュフロー計算書では有価証券投資は投資活動によるキャッシュフローに含ま

[*10] 資本支出とは，固定資産を事業に使用後改造等をしてその性能を向上させたり，耐用年数を延長させるような追加支出をいう．具体的には，機械の部品を高品質・高性能のへの取り替え，用途変更のための改造・改装，建物に付属した設備を付加したようなケース．ただし，取り替え費用全額が資本的支出になるのではなく，従前と同様の取り替えした場合の通常費用（いわゆる修繕費）を越える部分の金額をいう．

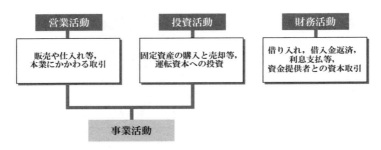

図 3.6　3 つの企業活動

れる．このため，キャッシュフロー計算書上の営業活動によるキャッシュフローと投資活動によるキャッシュフローの合計が FCF と一致しない．しかし，計算実務では煩雑性から単純に合算を FCF とみなしてしまうこともある．

c.　企業評価モデルに用いるフリーキャッシュフローの定義

FCF を計算する場合は（3.24）式が一般に用いられるようだ．

$$\text{FCF} = \text{営業利益} \times (1 - \text{法人税等の法定実効税率}^{*11})$$
$$+ \text{減価償却費} - \text{運転資本増加額} - \text{設備投資額} \tag{3.24}$$

運転資本をシンプルに捉えるには貸借対照表上の「流動資産 − 流動負債」である．厳密に計算する場合には（3.25）式を用いる．

$$\text{運転資本} = (\text{流動資産} - \text{手元流動性}) - (\text{流動負債} - \text{短期借入金}$$
$$- 1\,\text{年以内長期借入金} - 1\,\text{年以内償還社債} - \text{従業員預金})$$

$$\text{手元流動性} = \text{現預金} + \text{一時保有有価証券}$$

$$\tag{3.25}$$

（3.24）式は設備投資額を用いる．ただ，計算の実務上，設備投資額のデータが取得できない場合には，設備投資 = 有形固定資産増減 + 減価償却費 で算出する．また，法人税等の法定実効税率は地域等によって異なるが概ねの企業はでは 2016 年 3 月時点では 40.87% である．2017 年 3 月期より 29.97% が見込まれる．

ただ，この方法には注意点がある．（3.24）式の FCF を用いて企業価値を求

[*11)]　法定実効税率 = { 法人税率 × (1 + 住民税率) + 事業税率 } ÷ (1 + 事業税率).

めると，総資産から金融資産を引いた事業資産の妥当評価となる．したがって，本来，企業全体の価値を求めるには計算で求めた値に，金融資産の時価を加える調整が必要となる．金融資産の規模が大きい場合には値が大きく異なる可能性が出てくる．

そこで，(3.24) 式の右辺の第 1 項で営業利益ではなく，事業利益（営業利益＋受取利息・配当金）を用いる方法もある．この場合には負債＋株主資本の評価が求められる．

しかし，実務的には (3.24) の FCF を割引キャッシュフローモデルに適用して負債＋株主資本の価値と比較してしまう場合が多いようである．

[**WACC の定義**]

(3.23) 式で示した割引キャッシュフローモデル等，総資本（負債＋株主資本）の妥当価値を算出するモデルは，将来のキャッシュフローを現在価値に割り引く場合に加重平均資本コスト（以下 WACC: Weighted Average Cost of Capital という）を使う必要がある．企業全体が生むキャッシュフローは企業が使用する総資本の提供者である株主資本と負債に帰属する．これらの総資本提供者が投資リスクに応じて受け取るべき期待収益率（企業側からみればコスト）が WACC である．株主資本に対するコストと負債へのコストを，それらの出資割合である株主資本と負債の比率で加重平均したものが WACC である．

株主資本コストの算出は，第 6 章で説明する資本資産評価モデル（以下 CAPM: Capital Asset Pricing Model という）が用いられるケースが多い．

WACC を計算するうえで用いる負債コストの求め方には注意が必要である[*12]．割引 CF モデルは (3.23) 式で総資本価値を求めるものと説明してきたが，株主資本に帰属する FCF の流列を現在価値に割り引くことで株主資本部分の妥当価値を評価するモデルも理論上は存在しないわけではない．しかし株主のみに帰属する FCF 部分の算出が困難なため，この方法は余り用いられない．

通常は総資本の妥当価値を求めた後，負債時価が負債簿価と等しいという仮

[*12] 税金は負債コスト後に引かれる．そこで，企業評価モデルでは，分子の FCF は税金控除前として対応する．分母にも税金控除前ベースとして考えるケースが広く使われる．

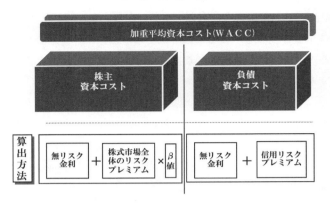

図 3.7　WACC（加重平均資本コスト）のイメージ

定を置いて (3.26) 式により株主資本価値を求める．

$$株主資本価値 = 総資本の妥当価値 - 負債簿価 \tag{3.26}$$

[ターミナルバリューを導入した場合]

実務上で割引 CF モデルを用いて企業評価をする際には，ターミナルバリュー（以下，TV という）を導入する場合が多い．(3.27) 式と (3.28) 式は TV を用いたときのモデルである．n 期までに企業が生み出すフリーキャッシュフローの割引現在価値に，右辺の最終項で TV の現在価値を合算するものだ．

$$V_0 = \frac{\text{FCF}_1}{(1+\text{WACC})^1} + \frac{\text{FCF}_2}{(1+\text{WACC})^2} + \cdots \\ + \frac{\text{FCF}_n}{(1+\text{WACC})^n} + \frac{\text{TV}}{(1+\text{WACC})^n} \tag{3.27}$$

ただし，

$$\text{TV} = \frac{\text{FCF}_{n+1}}{\text{WACC} - g} \tag{3.28}$$

ここで，FCF_{n+1} は $n+1$ 期の FCF，WACC は加重資本コスト，n は最終期，g は $n+1$ 期以降の FCF の成長率，TV は将来にわたって企業が稼ぐ FCF の n 期時点での現在価値である．乱暴な言い方をすれば TV を使うメリットは，n 期より先は大まかにしか予測が立てられないときである．例えば，企業アナリストがある銘柄の企業評価をするケースを考える．10 年程度先までの FCF の長期予測は産業分析や経営戦略分析を行い，ある程度の予測を立てる（この

作業もかなり難しい).しかしそれより先の予測を立てることはさらに困難となる.

そこで,予測が困難な n 期より先の FCF はとりあえず定率で成長させてしまおうという考え方が (3.27) 式の形である(J.B. ウイリアムズが Theory of Investment Value, North-Holland, 1938[*13])で定式化).g が定率の成長率を示すが,実務的に g の決定は非常に難しいため業種平均等が用いられる.

[企業評価をする際に割引キャッシュフローモデルが最も注目される理由]

キャッシュフローとはある会計期間で企業が保有する「キャッシュの増減」であることは前にも触れた.企業の事業活動が成功すれば,キャッシュフローは増加する.ただ,現実には,会計年度におけるキャッシュの増減が企業の事業活動の成果と一致しない.例えば設備投資を行うと一時的にキャッシュが減るが,その設備から生まれる収益は持続する.したがって,減ったキャッシュを設備の便益の期間で標準化する必要がある.この会計原則でいわれる「費用収益対応の原則」に基づいた経営成績を示すものが利益である.したがって,本来,企業の事業活動の成果をみるにはキャッシュフローよりも利益をみることが,優れているはずである.

しかし,現実に株主が受け取ることができるものは費用・収益を対応させた会計上の利益ではなく FCF である.その現在価値の合計が株主資本の価値であるという解釈は実感としても捉えやすい.さらに近年は,企業の経営成績の尺度として利益よりキャッシュフローの信頼性の高まる傾向がみられるようだ.以下がその主な理由である.

1) 会計上の利益は,経営者の判断である程度コントロールできる部分が多い.例えば,いつ減損処理をするか?によって利益は調整される.しかし,キャッシュフローは経営者の恣意性が含まれず,事業活動の事実のみが反映される.
2) 2001 年 10 月の米エンロンの破綻に始まった会計情報に対する過度の不信感は過ぎ去った.しかし,以前より会計上の利益情報に対する信頼性は低下した.

[*13] 日本語訳:ジョン・バー・ウィリアムズ著/長尾慎太郎監修,岡村桂訳「投資価値理論」,2010.

3) メインバンク制が揺らぐなかで、企業の資金繰り状況に対する注目が集まっている。実際に利益は多くても、キャッシュフローが少ない企業の経営成績は評価できない。
4) わが国でも時価会計や退職給付会計導入等の会計基準の国際化の流れで、株主に帰属する税引利益の変動が大きくなっている。一方、キャッシュフローは会計基準の影響を受けない。
5) 会計基準は国によって異なる。細かくは企業ごとに異なっている。例えば、減価償却費については、定率法を適用する企業と定額法を適用する企業によって費用の計上が異なる。しかし、キャッシュフローでは会計基準の違いに影響がなく、企業間比較、国際間比較が行いやすい。

[割引キャッシュフローモデルの実務上の適用に関する3つの問題点]

割引キャッシュフローモデルが理論的に優れているうえ、実感でも捉えやすい。しかし、企業評価実務上で適用が難しい。最大の問題点は将来にわたるFCFの予測が難しいことだ。一般にFCFを求める場合はすでに述べたように(3.24)式が用いられる。こうして求めたFCFは様々な勘定科目で構成されている。FCFの予測を困難にさせる要因の1つは、将来にわたってこうした多くの勘定科目を個々に予測しなければならない点である。

また、企業のライフサイクルに対応した形でFCFが実感として捉えにくいという点も予測を困難にさせる第二の要因である。例えば、企業のライフステージを成長期、移行期、成熟期の3つに分けて考える。通常、利益の伸びは図3.8で示すように成長段階から成熟期に向かって低下するパターンが想定される。

しかし、FCFは逆に成長段階では小さくなりマイナスとなるケースがある。成長期には利益を上回る積極投資が行われことがあるからだ。特にFCFがマイナスとなる企業の将来予測は困難である。

第三にFCFは利益以上に変動が激しい点がある。変動の大きいものを予測することは難しい。

図3.9は東証一部上場企業の年度別の実績税引利益とFCFの集計値である。グラフの推移からもFCFの方が税引利益と比べて変動が大きいことがわかる。さらに集計値の伸び率の標準偏差や、それを平均値で基準化した変動係数でみてもFCFは税引利益に比べて変動が大きいことが示される。

3.3 バリューアプローチ

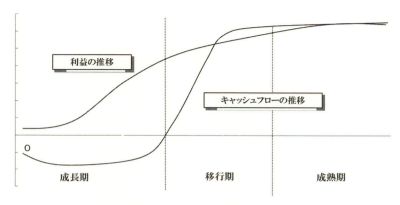

図 3.8　企業のライフサイクルと利益，キャッシュフローの推移イメージ

図 3.9　東証一部上場企業の税引利益と FCF の推移

因みに図 3.9 の税引利益は 経常利益 × (1 − 法定実効税率) で代用した．これは 2000 年度からの時価会計や 2001 年度からの退職給付会計の導入等で一時的な利益の変動要因となるものが多かったからである．

こうした変動要因が最近は会計利益をわかりにくくする原因となっている．しかし，この流れは会計基準の国際化が底流に流れている．

4

残余利益モデル

4.1 残余利益モデルの概要

前章で述べた割引キャッシュフローモデル（以下，割引 CF モデルと略す）を適用するうえで最大の問題である予測に関する問題点に対応したモデルが残余利益モデルである．このモデルは割引超過利益モデルや開発者の名をとって EBO（Edwards–Bell–Ohlson）モデルとも呼ばれる．前章で示した図 3.4 の株価評価モデルの分類にしたがうと，株主資本の価値 P_0 を求めるもので，その計算は「帳簿価格 + 超過収益の割引」を使うものだ．具体的には (4.1) 式で示した．E_i を i 期の当期利益とすると，株主資本の時価は，現在の簿価（B_0）と現在価値に割り引いた将来の超過利益（$E_i - kB_{i-1}$）の合計である．

(4.1) 式は $\text{ROE}_i =$ 当期利益 $E_i \div$ 自己資本 B_{i-1} であることから，当期利益 E_i を変形したものである．この形からダイナミック ROE モデルとも呼ばれる．

$$P_0 = B_0 + \sum_{i=1}^{\infty} \frac{E_i - kB_{i-1}}{(1+k)^i} = B_0 + \sum_{i=1}^{\infty} \frac{(\text{ROE}_i - k) \cdot B_{i-1}}{(1+k)^i} \quad (4.1)$$

ここで，B_0 は 0 時点の簿価，B_{i-1} は $i-1$ 時点の簿価，k は株主資本コストである．

4.2 クリーンサープラス会計の導入

残余利益モデルは配当割引モデルに (4.2) 式で示すクリーンサープラス会計を

4.2 クリーンサープラス会計の導入

適用したものである.既に 2.5 節の税引利益と包括利益の節で述べたクリーンサープラス会計は「貸借対称表の株主資本 B_t の前期末との差 $B_t - B_{t-1}$ は損益計算書の税引利益 E_t から配当 D_t を除いた（厳密には役員賞与も除く）額に等しい」ことである.

$$B_t - B_{t-1} = E_t - D_t \tag{4.2}$$

ここで，B_t は t 期の簿価，E_t は t 期の税引利益，D_t は t 期に企業が支払う配当総額である.

残余利益モデルはこのクリーンサープラス会計を配当割引モデルに適用することで導かれる.

[配当割引モデルから残余利益モデルの導出]

いま，P_0：0 時点の株価，B_t：t 時点株主資本簿価，E_t：t 時点の収益，X_t：t 時点の超過収益，k：株主資本コストとする.

配当割引モデル

$$P_0 = \sum_{t=1}^{\infty} \frac{D_t}{(1+k)^t} \tag{4.3}$$

配当割引モデルに（4.2）式で示すクリーンサープラス会計を適用する.超過収益は実際の収益と正常利益（必要収益）との差異であるから，

$$X_t = E_t - kB_{t-1} \tag{4.4}$$

（4.2）式と（4.4）式より，

$$X_t = D_t + B_t - B_{t-1} - kB_{t-1} \tag{4.5}$$

（4.5）式より，配当金を超過収益，簿価，資本コストを用いて表す.

$$D_t = X_t + (1+k)B_{t-1} - B_t \tag{4.6}$$

（4.6）式を（4.3）式に代入して，分割する.

$$\begin{aligned} P_0 &= \sum_{t=1}^{\infty} \frac{X_t + (1+k)B_{t-1} - B_t}{(1+k)^t} \\ &= \sum_{t=1}^{\infty} \frac{X_t}{(1+k)^t} + \sum_{t=1}^{\infty} \frac{(1+k)B_{t-1}}{(1+k)^t} - \sum_{t=1}^{\infty} \frac{B_t}{(1+k)^t} \end{aligned} \tag{4.7}$$

式の第2項を $(1+k)$ で除する,

$$P_0 = \sum_{t=1}^{\infty} \frac{X_t}{(1+k)^t} + \sum_{t=1}^{\infty} \frac{B_{t-1}}{(1+k)^{t-1}} - \sum_{t=1}^{\infty} \frac{B_t}{(1+k)^t} \tag{4.8}$$

式の第2項から B_0 を分割すると,

$$P_0 = \sum_{t=1}^{\infty} \frac{X_t}{(1+k)^t} + B_0 + \sum_{t=1}^{\infty} \frac{B_t}{(1+k)^t} - \sum_{t=1}^{\infty} \frac{B_t}{(1+k)^t} \tag{4.9}$$

第3項と第4項は等しいため消える.

$$P_0 = B_0 + \sum_{t=1}^{\infty} \frac{X_t}{(1+k)^t} = B_0 + \sum_{t=1}^{\infty} \frac{E_t - kB_{t-1}}{(1+k)^t} \tag{4.10}$$

残余利益モデルが導出された.

企業価値評価に残余利益モデルを適用するうえで大きなメリットは以下の2つの点である.

第一の理由:一般に予測の精度が低下する遠い将来について,企業評価をするために必要な予測は行いやすいこと.

第二の理由:企業評価をする際に予測値の寄与する部分を少なくしていること.

以下では上記の2つに関して説明した.

[第一の理由:企業評価をするために必要な予測が行いやすい]

(4.1) 式は最初に株主資本利益の現在価値=自己資本の簿価 (B_0) を前提としてスタートする.もし評価の対象とする企業が株主から要求された利益しか稼げなければ,その価値は簿価と等しい.しかし,要求を超えて利益を稼ぐなら,その企業の価値は簿価を上回る.これが (4.1) 式の右辺の第2項の超過利益の解釈である.

この超過利益に関して,一般には次の点が捉えられる.企業は厳しい競争の下で事業を行っているため長期的には高い超過利益の獲得は困難である.また技術革新や消費者の嗜好の変化等から,仮に一時的に超過利益が発生しても長時間の継続は考えにくく,事業の収益が高ければ他企業の新規参入が起こるため競争は激化して,超過利益は減少するからである.

例えば,足元は高い超過利益の伸びが見込まれる企業でも,将来は超過利益がある均衡水準に定めることも可能である.あるいは企業が生む将来の税引利

益は正常な自己資本の簿価に反映されていると考えて，将来の超過利益 = 0 と置くこともあり得る．

[第二の理由：予測値の寄与する部分を少なくしている]

割引 CF モデルは，企業評価をする際は将来の FCF のみで構成されている．そして，FCF はすべて推計に依存しなければならない．しかし，残余利益モデルでは将来発生する超過利益の株式評価に寄与する部分は自己資本以外の部分である．自己資本は会計上明らかであるため推計の必要がない．

4.3 エコノミックプロフィットモデル

4.3.1 エコノミックプロフィットモデルの概要

エコノミックプロフィットモデル（エコノミックプロフィットは EVA [*1] と同様の概念）は図 3.4 の株価評価モデルの分類では，総資本の価値を求めるもので，「総資本の帳簿価格＋総資本の超過収益の割引」を使っている．具体的には（4.11）式である．総資本の時価は，企業価値（V_0）は現在の使用総資本の簿価（K_0）と現在価値に割り引いた将来のエコノミックプロフィットの合計である．

$$V_0 = K_0 + \sum_{t=1}^{\infty} \frac{エコノミックプロフィット_t}{(1 + \text{WACC})^t} \quad (4.11)$$

モデルの形は（4.3）式の残余利益モデルと似ている．残余利益モデルは株主資本価値を求めるモデルであったが，エコノミックプロフィットモデルは総資本価値を求める形に変換されている．総資本の簿価に総資本に対応する超過収益の「企業付加価値」の現在価値を合計することにより算出する．

4.3.2 総資本の超過収益を意味するエコノミックプロフィット

近年，エコノミックプロフィットが経営指標として注目を集めている．漸くわが国でも株主価値最大化経営が根付き，多くの企業で経営目標に ROE 水準が用いられている．ROE の考え方は以下に示される．

[*1] Stern Stewart 社の登録商標．2016 年 8 月時点では，Stern Value Management 社となっている．

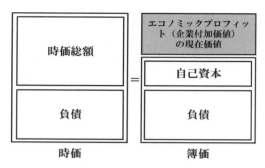

図 4.1 エコノミックプロフィットモデルのイメージ

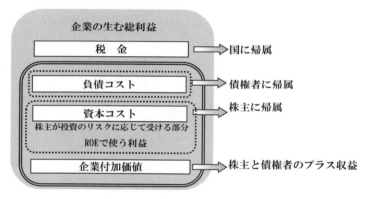

図 4.2 企業の利益とエコノミックプロフィット（企業付加価値）

図 4.2 に示すように企業が生む利益は受け取る側から 3 つに分けられる．国には税金（法人税）を納める．また債権者には金利（負債コスト）を支払う．残りの部分が株主に帰属する利益であり，ROE ではこの部分の利益に注目する．しかし，この考え方には大きな欠点がある．例えば同じ ROE を稼ぐ A と B の 2 つの企業を考えて，A は事業リスクが大きい企業，B はリスクが小さい企業である場合，投資家はどちらの企業に投資したら得なのか？ 正解は B である．一般の人は同じ ROE ならリスクが小さい企業に投資する方法を選ぶ．ROE はこの株主が受けるリスクを考慮していない．

こうしたリスクを考慮した経営成績評価がエコノミックプロフィットである．具体的には株主に帰属する利益をさらに 2 つに分ける．株主が強いられるリスク

4.3 エコノミックプロフィットモデル

に対して,本来受けるべき利益(資本コスト)の部分とエコノミックプロフィットの部分だ.実はこのエコノミックプロフィットをたくさん稼ぐ企業がステークホルダー[*2]の価値を高め,最終的には株主の価値を高めることとなる.

エコノミックプロフィットの一般的な概念は以下で示される.税引き後営業利益(NOPAT)から「投下資本に対して当該期間に発生する資本コスト額を減じたもの」である.エコノミックプロフィット,修正エコノミックプロフィットは,以下の式で算出される.

$$\text{エコノミックプロフィット} = \text{税引き後営業利益(NOPAT)} \\ - \text{資本コスト (率)} \times \text{投下資本} \quad (4.12) \\ = \text{NOPAT} - \text{WACC} \times \text{投下資本}$$

$$\text{NOPAT} = (\text{今期予想営業利益} + \text{受取利息配当}) \times (1 - \text{税率}) \\ - \text{連結調整勘定当期償却額} - \text{持分法投資損益} \quad (4.13) \\ + \text{為替勘定調整額}$$

$$\text{投下資本} = \text{短期借入金} + 1\text{年以内返済長期借入金} \\ + 1\text{年以内償還社債} + \text{固定負債} + \text{繰延税金負債} \\ + \text{連結調整勘定} + \text{為替調整勘定} + \text{少数株主持分} + \text{自己資本} \quad (4.14)$$

修正エコノミックプロフィットを算出する際には,投下資本を求める式の最後の項の自己資本を時価総額に換えて求める.

$$\text{WACC} = \text{資本コスト} \times \frac{\text{時価総額}}{\text{時価総額} + \text{有利子負債}} \\ + \text{負債コスト} \times \frac{\text{有利子負債}}{\text{時価総額} + \text{有利子負債}} \quad (4.15)$$

$$\text{資本コスト} = \text{リスクフリーレート} + \text{株式リスクプレミアム} \quad (4.16)$$

$$\text{負債コスト} = \frac{\text{支払い利息割引料}}{\text{期首期末平均有利子負債}} \quad (4.17)$$

[*2] ステークホルダーとは,企業に対して利害関係を持つもの.社員,顧客,取引先,株主等,関係者のすべてを指す.

$$\text{有利子負債} = \text{短期借入金} + \text{長期借入金} + \text{社債・転換社債} + \text{割引手形} \quad (4.18)$$

ただ，ここで注意すべき点はNOPATの算出は営業利益に受取利息・配当金を合計する事業利益からスタートしている．割引キャッシュフローモデルでも議論の対象となったが金融資産を投下資本に含めるか？という問題である．一般にエコノミックプロフィットの観点は本業で獲得できる利益を注目すべきであるとすれば（4.13）式の営業利益からスタートすべきであろう．しかし，本書では，エコノミックプロフィットモデルとして考える場合には金融資産を投下資本に含めて定義する．

[エコノミックプロフィットモデルのポイント]

近年，エコノミックプロフィットが経営成績の評価として利用が広まってきたなか，企業評価をするうえでもエコノミックプロフィットモデルが注目されている．しかし，実際に適用する際に，将来にわたったエコノミックプロフィットの予測が困難であるため余り用いられていない．

なお，エコノミックプロフィットモデルは，割引キャッシュフローモデルと同様に株主資本価値全体を算出するモデルであり，2つのモデルは等価であることは注意すべきである．

割引キャッシュフローモデルからエコノミックプロフィットモデルの導出方法は，次の通りである．まず，各項目の表記として，

V_t：t時点の企業価値，

NOPAT_t：t時点の税引き後営業利益（NOPAT），

K_t：t時点の総資本，

エコノミックプロフィット$_t$：t時点のエコノミックプロフィット，

WACC：加重平均資本コスト，

FCF_t：t時点のフリーキャッシュフロー

とする．

〈割引キャッシュフローモデル〉

$$V_0 = \sum_{t=1}^{\infty} \frac{\text{FCF}_t}{(1+\text{WACC})^t} \quad (4.19)$$

〈エコノミックプロフィットモデル〉

4.3 エコノミックプロフィットモデル

$$V_0 = K_0 + \sum_{t=1}^{\infty} \frac{\text{エコノミックプロフィット}_t}{(1+\text{WACC})^t} \tag{4.20}$$

クリーンサープラスの前提では，総資本 K は設備投資（NOPAT − FCF）と同額増加するので，

$$K_t = K_{t-1} + \text{NOPAT}_t - \text{FCF}_t \tag{4.21}$$

項を並べ替えて，NOPAT を FCF と資本を用いて表すと，

$$\text{NOPAT}_t = \text{FCF}_t + K_t - K_{t-1} \tag{4.22}$$

エコノミックプロフィットを NOPAT と資本コスト額で表すと，

$$\text{エコノミックプロフィット}_t = \text{NOPAT}_t - \text{WACC} \times K_{t-1} \tag{4.23}$$

(4.22) 式を (4.23) 式に代入すると，

$$\text{エコノミックプロフィット}_t = \text{FCF}_t + K_t - K_{t-1} - \text{WACC} \times K_{t-1} \tag{4.24}$$

(4.24) 式を並べ替えて，FCF をエコノミックプロフィット，K，WACC を用いて表すと，

$$\text{FCF}_t = \text{エコノミックプロフィット}_t + (1+\text{WACC}) \times K_{t-1} - K_t \tag{4.25}$$

(4.25) 式を (4.19) 式に代入すると，

$$V_0 = \sum_{t=1}^{\infty} \frac{\text{エコノミックプロフィット}_t + (1+\text{WACC}) \times K_{t-1} - K_t}{(1+\text{WACC})^t} \tag{4.26}$$

項を分割すると，

$$V_0 = \sum_{t=1}^{\infty} \frac{\text{エコノミックプロフィット}_t}{(1+\text{WACC})^t} + \sum_{t=1}^{\infty} \frac{(1+\text{WACC}) \times K_{t-1}}{(1+\text{WACC})^t} - \sum_{t=1}^{\infty} \frac{K_t}{(1+\text{WACC})^t} \tag{4.27}$$

第 2 項を整理すると，

$$V_0 = \sum_{t=1}^{\infty} \frac{\text{エコノミックプロフィット}_t}{(1+\text{WACC})^t} + \sum_{t=1}^{\infty} \frac{K_{t-1}}{(1+\text{WACC})^{t-1}} - \sum_{t=1}^{\infty} \frac{K_t}{(1+\text{WACC})^t} \tag{4.28}$$

第2項の最初の項を独立させると，

$$V_0 = \sum_{t=1}^{\infty} \frac{\text{エコノミックプロフィット}_t}{(1+\text{WACC})^t} \\ + K_0 + \sum_{t=1}^{\infty} \frac{K_t}{(1+\text{WACC})^t} - \sum_{t=1}^{\infty} \frac{K_t}{(1+\text{WACC})^t} \quad (4.29)$$

項を整理して並べ替えると，

$$V_0 = K_0 + \sum_{t=1}^{\infty} \frac{\text{エコノミックプロフィット}_t}{(1+\text{WACC})^t} \quad (4.30)$$

となり，(4.20) 式が導出された．

4.4 残余利益モデルの適用のフレームワーク

残余利益モデルの実務への適用を紹介する．具体的には以下の「2期間残余利益モデル」と「長期成長残余利益モデル」の2つである．

2期間残余利益モデルは (4.31) 式の形で定義した．一般に多くの銘柄を対象に企業価値 V_0 評価をする場合に長期の利益予想データは取得できない．通常，広く投資家が取得できる予想値は今期と来期の2期先予測である．

そこで，これらの2つの予想データを用いた最も単純なモデルが (4.31) 式である．

$$V_0 = B_0 + \frac{E_1 - kB_0}{1+k} + \frac{E_2 - kB_1}{(1+k)^2} \quad (4.31)$$

2期先までの予想しか使わないという単純な形であるが，この式が成立する理由は以下の3点である．

1) 企業の超過収益の長期的な持続は難しい．
2) 遠い将来の利益予想まで株価には反映されているとは言い切れない．
3) 3期先以降の企業が生む税引利益は自己資本の簿価に反映されているとの仮定を置く．

〈長期成長残余利益モデル〉

さらに，(4.31) 式の右辺の3期先以降の利益の成長を考慮したモデルが，(4.32) 式である．ここでは長期成長残余利益モデルと定義する．右辺の2項目

4.4 残余利益モデルの適用のフレームワーク

までの部分は (4.31) 式と全く同じであるが，2 期先以降を T_2, T_3, T_4 と 3 つの部分に分けて考えている．これは以下の 1) − 4) で捉えている．利益の成長率に関するイメージを図 4.3 に示す．

$$
\begin{aligned}
V_0 = B_0 &+ \sum_{i=1}^{T_1} \frac{E_i - kB_{i-1}}{(1+k)^i} \\
&+ \sum_{i=T_1+1}^{T_2} \frac{E_{i-1}(1+g_A) - kB_{i-1}}{(1+k)^i} \\
&+ \sum_{i=T_2+1}^{T_3} \frac{(\mathrm{ROE}_i - k)B_{i-1}}{(1+k)^i}
\end{aligned}
\quad (4.32)
$$

1) T_1 期：1 期（今期）〜2 期（来期）までは予想税引利益から残余収益を算出．
2) T_2 期：3 期〜5 期先まではサスティナブル成長 [*3)] を仮定する．
3) T_3 期：6 期〜15 期先までは ROE の水準が線形的に低下し，15 期で資本コストの水準に落ち着くことを仮定する．
4) T_4 期：16 期以降は ROE は資本コストの水準となる．したがってターミナルバリューは 0 となる．

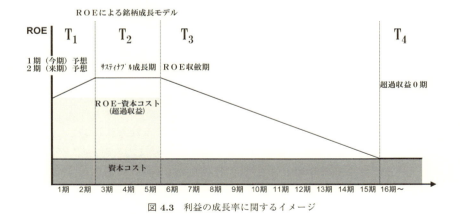

図 4.3 利益の成長率に関するイメージ

---

*3) サスティナブル成長率 = ROE × 内部留保率．サスティナブル成長率は，その時点での実績と予想 1 期，予想 2 期の 3 期平均を用いた．

4.4.1　残余利益モデルの適用の詳細

株式評価モデルは月次ベースで算出した．株主資本コストは（割引率）はCAPMから推計した．

さらに，期中の株式評価は図 4.4 にしたがった．例えば，直近の実績決算が 2003 年 3 月末の企業について，足元の 2003 年 5 月時点で評価をする場合には既に，決算期末から 2 カ月が経過している．そこで 2003 年 3 月末時点で評価を行い，その評価額が 2 カ月間の資本コスト分上昇したと考えた．

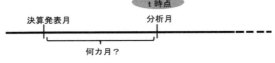

図 4.4　期中の株式評価の方法

4.4.2　株式評価方法の詳細

1) 残余利益を求める際の税引利益は，経常利益 × (1 − 法定実効税率) とした．特損による利益変動の影響を小さくするためである．
2) データは連結優先とした．
3) 分析対象のユニバースは東証一部上場企業とした．ただし，自己資本がマイナスの企業は分析対象から除外した．
4) サスティナブル成長率の算出等では上位 5%点を超える値は異常値として，その場合には上位 5%点で丸めた．
5) 分析対象期間の株主資本コストは個々の企業でそれぞれ一定とした．

4.5　残余利益モデルを用いた銘柄選別に関する過去の分析

4.5.1　月次 5 分位ポートフォリオによる有効性の調査

残余利益モデルを使った銘柄選別がどの程度有効であるか？の調査を 5 分位ポートフォリオの手法を用いて行った．

「2 期間残余利益モデル」と「長期成長残余利益モデル」の 2 つの手法で求

めた個別企業の株主資本の妥当評価額に対して，実際の株主資本の市場評価がどの程度割高か？もしくは割安か？を測るため「時価総額 ÷ 残余利益モデル」を用いる．この値が低い方が割安となる．

また，比較のためにPBRでも同様の検証を行った．残余利益モデルはPBRを算出する際の自己資本に残余利益の現在価値を合算する形である．残余利益モデルを用いることで，PBRと比べて銘柄選別効果がどの程度高まるか？を検証した．具体的な分析方法は以下の方法にしたがった．また結果は表4.1に示した．

5分位ポートフォリオによる調査の具体的方法

1) 毎月末時点で東証一部上場企業を対象に2つの方法による残余利益モデルによる 企業評価額 ÷ 時価総額 を算出した．一方，比較のためにPBRも含めた合計3指標を分析の対象とする．
2) これらの3つの指標値を基準に月次サイクルで5分位を行い，それぞれの分割された銘柄群の等金額投資ポートフォリオの翌月の対ベンチマーク超過リターンを観察した．
3) ベンチマークはユニバース（東証一部上場企業）の等金額投資とした．
4) 分析期間は過去10年間（1993年8月～2003年7月），5年間（1998年8月～2003年7月），3年間（2000年8月～2003年7月）のほか，直近から1年ごとに遡って平均値（年率換算，月次平均超過リターン × 12）を計測した．
5) 割安銘柄群の第5分位の超過リターンから，第1分位の超過リターンを引いたスプレッドがプラスに大きい場合に，その指標の情報の有効性が高いとみられる．

［5分位ポートフォリオの分析結果の考察］

1) 3つの投資指標のなかで長期成長モデルの有効性が最も高かった．過去3年，5年，10年の3つの期間で中段の長期成長モデルの平均スプレッド（表4.1最右列）が高かった．3期以降の残余利益を株式評価に加えたことが銘柄選別効果を高めたようだ．
2) 2つの残余利益モデルとPBRとの有効性を比較すると，過去3年，5年，10年の平均スプレッドはいずれも残余利益モデルの方が高い．単純な

表 4.1 5分位ポートフォリオを用いた残余利益モデルの有効性の検証

2期間モデル

期間	←割高 第1分位	2期間モデル 第2分位	第3分位	第4分位	割安→ 第5分位	スプレッド
過去3年(200008～200307)	-17.8%	-7.0%	2.7%	6.9%	15.0%	32.8%
過去5年(199808～200307)	-10.5%	-5.3%	0.8%	3.0%	11.9%	22.4%
過去10年(199308～200307)	-8.2%	-3.5%	0.2%	2.1%	9.3%	17.5%

長期成長モデル

期間	←割高 第1分位	長期成長モデル 第2分位	第3分位	第4分位	割安→ 第5分位	スプレッド
過去3年(200008～200307)	-17.2%	-8.0%	0.9%	8.4%	15.9%	33.1%
過去5年(199808～200307)	-10.3%	-6.6%	-1.0%	4.7%	13.2%	23.5%
過去10年(199308～200307)	-9.7%	-5.2%	-0.2%	4.1%	11.0%	20.7%

PBR

期間	←割高 第1分位	PBR 第2分位	第3分位	第4分位	割安→ 第5分位	スプレッド
過去3年(200008～200307)	-17.0%	-6.1%	2.5%	5.7%	14.9%	31.9%
過去5年(199808～200307)	-10.3%	-5.1%	1.0%	3.2%	11.2%	21.6%
過去10年(199308～200307)	-7.1%	-3.8%	0.3%	2.0%	8.5%	15.5%

(出所) 大和証券

PBR よりも，残余利益モデルを用いた方がリターンとの関係が強い．

4.5.2 年度別 IC（情報係数）による分析

「月次5分位ポートフォリオの分析」では月次ベースでの割安銘柄への投資が効果的であることが示された．ここではさらに，残余利益モデルによる銘柄選別は長期投資でも効果的であるか？に関して IC を用いた年度別の有効性の調査を行った．

[IC（Information Coefficient の略称）の定義]

IC は，スピアマンの順位相関係数である．

 IC = AR と FR の共分散 ÷（AR の標準偏差 × FR の標準偏差）

 FR（forecast ranking）：各「時価総額 ÷ 残余利益 モデル」のクロスセクションランキング

 AR（actual ranking）：リターンのクロスセクションランキング

具体的な分析方法は以下に示した．さらに，表 4.2 が結果である．

〈IC の分析による具体的方法〉

1) 分析対象のユニバースは東証一部上場企業

2) 各年度，6月末現在で取得可能な最新情報を用いて残余利益モデルの評価を行い「時価総額÷残余利益モデル」のデータに対して，7月以降，翌年の6月末までの1年間のリターンデータの間でICを計測する．例えば，2002年度の検証は2001年6月末時点で評価した指標に対して，7月から2002年6月までのリターンの間の検証である．

表 4.2　ICを用いた年度別の残余利益モデルの有効性の検証

年度	2期間モデル	長期成長モデル	PBR
1987	0.277 ++	0.169 ++	0.303 ++
1988	0.142 ++	0.140 ++	0.125 ++
1989	0.320 ++	0.372 ++	0.287 ++
1990	0.233 ++	0.263 ++	0.214 ++
1991	0.157 ++	0.141 ++	0.144 ++
1992	0.239 ++	0.053 +	0.280 ++
1993	0.287 ++	0.181 ++	0.307 ++
1994	0.253 ++	0.393 ++	0.178 ++
1995	0.019	-0.200 --	0.087 ++
1996	0.114 ++	0.336 ++	0.037
1997	-0.042	0.127 ++	-0.083 --
1998	0.072 ++	0.081 ++	0.076 ++
1999	-0.145 --	-0.112 --	-0.118 --
2000	0.418 ++	0.437 ++	0.402 ++
2001	0.182 ++	0.157 ++	0.190 ++
2002	0.469 ++	0.444 ++	0.456 ++

（出所）大和証券

[年度別ICの分析結果の考察]
1) 2期間モデル，長期成長モデル，PBRが共にプラスのICとなる傾向が高く，長期投資でも銘柄選択能力が高いことを示している．
2) 月次5分位ポートフォリオの検証で最も効果が高かった「長期成長モデル」のICがマイナスとなったのは1995年度と1999年度の2回のみであり，有効性の安定度も高い．
3) 15年度中，8回（50%）が3指標のなかで「長期成長モデル」の効果が最大であった．
4) 残余利益モデルとPBRを比較すると，1987年度，1992年度，1993年度，1995年度，2001年度以外は残余利益モデルのうち，少なくともどちらかのモデルがPBRのICを上回っている．

4.6 残余利益モデルを用いた相場全体の評価

東証一部上場企業を対象に算出した残余利益モデルを合算すると，東証一部上場企業の妥当株主資本総額が試算できる．これと東証一部上場企業の時価総額を比較することで，現在の株式市場全体が割高であるか？もしくは，割安であるか？が試算できる．

図 4.5 は東証一部上場企業の残余利益モデルの合算額と時価総額の時系列推移である．特に銘柄選別で効果的だった「長期成長残余利益モデル」では 2002 年 6 月から持続的に合計時価総額を上回ってきてきた．2003 年 5 月からの急激な株価上昇で株式市場の高値警戒感も指摘する見方もあるが，2003 年 8 月末時点では市場の時価総額が 293 兆円であるのに対して，妥当株主指標は 307 兆円と 4.8% 程度上方に位置していることは注目される．ここから妥当 TOPIX 水準を推計すると，1050 ポイントとなる．

全体が割安であると指摘できる．「長期成長残余利益モデル」は上昇傾向にあるが，これは株式市場の長期的な低迷に加え，低金利下で CAPM から推計する資本コストが低下してきたことも背景にあろう．

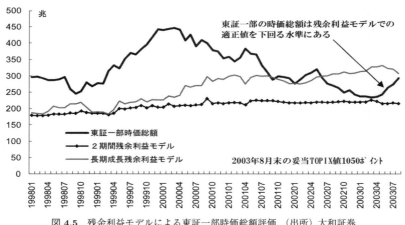

図 4.5 残余利益モデルによる東証一部時価総額評価　（出所）大和証券

5

データ解析とモデル推定

5.1 回帰分析

　株価や株価変動に関する数学モデルを考えただけでは，単に絵に描いた餅で，実際には使用できない．株価や株価変動をうまく表現できるようにモデルのパラメータを推定する必要がある．

　そこで，本章ではモデルのパラメータ推定をするうえでよく使用される重要な回帰分析について解説する．

　最初に回帰分析を理解するうえで必要な基礎概念を述べた後，株価評価や株式収益率の変動に関する回帰分析を利用したテーマについて解説する．

5.1.1 基本統計量

　将来の株価がどのような値になるかは未知であり，株価は不確実性を伴って変動する．この不確実性を持った株価の変動特性を調べるうえで，重要な基本統計量を確認しておくことにする．

　いま，ある銘柄のある年の月末の株価の終値から月次の収益率 x_i を 12 個求めたとする．ただし，その銘柄の配当は無視する．それらの収益率のデータは，各時点でとりうる可能性があった収益率の範囲（母集団）において，実現した値と考えることができる．つまり，収益率を確率変数，および，得られた収益率データを標本値と考えるわけである．

　標本から構成される確率変数は，統計量と呼ばれ，特に母集団の性質を表す母数（例えば，後ほど説明する平均値，分散，標準偏差など）の推定に用いら

れる統計量は，母数の推定量と呼ばれる．得られた標本値により求めた推定量の値は，推定値と呼ばれる．

本書では使用する確率変数，株価データ，収益率データのような観測値も，すべて大文字を用いることにする．

まず，得られた1年間の月次の12個の株式収益率データ X_i ($i = 1, \ldots, 12$) の持っている特徴を端的に把握するための代表値として，収益率の平均値 $\overline{X}$（正確には，標本平均値）を考えることができる．収益率の平均値 $\overline{X}$（標本平均値）は，(5.1) 式で表される．

$$\overline{X} = \frac{X_1 + X_2 + \cdots + X_{11} + X_{12}}{12} \tag{5.1}$$

データ数が12個でなく，n 個の場合，その平均値 $\overline{X}$（標本平均値）は，次のようになる．

$$\overline{X} = \frac{1}{n} \sum_{i=1}^{n} X_i {}^{*1)} \tag{5.2}$$

一般的に，そのデータ X を生成している母集団の平均値（期待値）は，

$$E[X] = \mu \tag{5.3}$$

で表す．標本平均 $\overline{X}$ は，データ数 n が多くなるにつれて，母集団の平均値（期待値）μ に収束する（確率収束）．この性質がある場合，不偏推定量と呼ばれる．

次に，株式の収益率がどの程度の範囲で変動していたかを把握することも投資の際には重要である．その変動幅として，収益率の最大値と最小値の差を用いてもよいが，何らかの原因によって生じた異常な値が，偶然データに含まれていたりすると，その変動幅が過大評価となる危険性がある．そこで，こうした難点を避けるために分散 S^2（標本分散）と呼ばれる統計量がも用いられる．

いま，得られた12個の収益率の分散 S^2（標本分散）は (5.4) 式で表され，また，標準偏差 S（標本標準偏差）は，分散の正の平方根であり，(5.5) 式で表される [*2)]．

[*1)] $\sum$ は数学記号で，i が1から n までの X_i を足し合わせることを意味する．
[*2)] 収益率の単位が % であるならば，分散の単位は % の2乗となるが，標準偏差は平均値と同じ単位の % である．

$$S^2 = \frac{1}{11}\sum_{i=1}^{12}(X_i - \widehat{X})^2 \tag{5.4}$$

$$S = \sqrt{S^2} \tag{5.5}$$

(5.4) 式で 11 で割っているのは，12 で割ったのでは本来知りたい収益率の真の分散を過小評価してしまうからである．

一般的に，そのデータ X を生成している母集団の分散は σ^2 で表す．n 個の標本分散は (5.6) 式で表される．標本の数が増えるにしたがい，標本分散の値は，真の分散の値 σ^2 に近づく．

$$S^2 = \frac{1}{n-1}\sum_{i=1}^{n}(X_i - \widehat{X})^2 \tag{5.6}$$

すなわち，

$$E[S^2] = \sigma^2 \tag{5.7}$$

であり，この性質を満たす場合には，不偏推定量と呼ばれる．なお，(5.6) 式で $n-1$ でなく n で割った場合は，不偏推定量でない．

5.1.2 共分散，相関係数

前項では，ある銘柄の収益率データの平均値や散らばり度合を表した分散，標準偏差といった1つの変量の確率変数に関する基本統計量に関して説明したが，本項では2銘柄間の収益率の変動特性など2つの変量間の関係を表すための基本統計量を説明する．

a. 共 分 散

2つの確率変数の変量間の関係を把握するために用いられる基本統計量として，共分散 S_{ij}（標本共分散）がある．共分散は，2変量 X_i と X_j の間の関係の強さを表す尺度であり，(5.8) 式で表される．n はデータ数，$\overline{X}_i$，$\overline{X}_j$ はそれぞれ X_{it}，X_{jt} の平均値（期待値）である．

$$S_{ij} = \frac{1}{n-1}\sum_{t=1}^{n}(X_{it} - \overline{X}_i)(X_{jt} - \overline{X}_j) \tag{5.8}$$

2変量が全く独立した関係であれば，共分散は0になる．また，2変量の一方

が大きな値をとれば,他方も大きな値をとり,逆に小さな値をとれば,他方も小さな値をとるような場合には,共分散はプラスの値となり,逆に2変量間で逆のパターンの関係がある場合には,共分散はマイナスの値となる.因みに,2変量が同一 ($i = j$) ならば,分散となる.

b. 相関係数

いま,100円近辺と1万円近辺の株価をつけている2銘柄について,それぞれ日経平均株価との間の共分散を比較しても,どちらの2変量間の連動性が高いのかはわからない.というのは,共分散は,変量の大きさや単位によって値が左右される問題点があるからである.そこで,そのような場合には2変量間の関係を基準化した尺度である相関係数が用いられる.相関係数 ρ_{ij} は,(5.9) 式で表され,-1 から 1 の間の数値をとり,図 5.1 に示すように2変量間の変動特性によりとる値の範囲が決まる.

$$\rho_{ij} = \frac{\sigma_{ij}}{\sigma_i \sigma_j} \tag{5.9}$$

ただし,σ_{ij} は,変量 X_i と変量 X_j の間の共分散,σ_i,σ_j はそれぞれ変量 X_i と変量 X_j の標準偏差である.

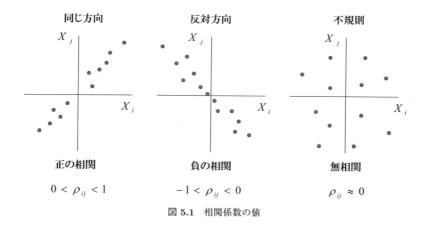

図 5.1 相関係数の値

なお,株式の収益率データのような有限個の観測データを用いて相関係数を算出する場合には,前項の分散の説明をした際に述べたように標本相関係数 $\widehat{\rho}_{ij}$

を計算することになり，(5.10) 式で表される．

$$\widehat{\rho}_{ij} = \frac{S_{ij}}{S_i S_j} \tag{5.10}$$

ただし，S_{ij} は，変量 X_i と変量 X_j の間の標本共分散，S_i, S_j はそれぞれ変量 X_i と変量 X_j の標本標準偏差である．

2銘柄の収益率の相関係数の値が1のときは，2つの銘柄の株価が全く同じ方向性を持って変動していることを示し，相関係数の値が -1 のときは，それらの株価が逆方向に変動していることを示す．このように相関係数の値から2変量間の変動特性の強さや方向性を客観的な数値で捉えることができる．なお，データ数が少ないとき，相関係数の信頼性は低下するため，分析の際にはなるべく多くのデータを用いた方がよい．

5.1.3 正規分布

図5.2に示す1995年1月から2004年1月の期間の日本テレビの月次の株価変化率をヒストグラムで表したものが図5.3である．横軸に株価変化率，縦軸に月数をとった頻度分布を表す．ヒストグラムは，ある適当な区間で変量 X を区切った場合に，その区間に含まれるデータ数を縦軸にとって表した図であり，全体のデータ数のうち，どの位の変量 X がその区間で実現したのか，つまり，変量 X の頻度分布を表したものである．データ数を増やしつつ，ヒストグラムの横軸の区間の幅を小さくしていくと，ヒストグラムが示す頻度分布は，その変量 X を生成した母集団の分布に近づいていく．株価変化率のような実数上のある区間のうち，どのような値をも実現しうる連続的な変量の母集団の頻度分布の形状を表した曲線は，確率密度関数と呼ばれる．連続的な変量 X がある (a,b) 区間で実現しうる確率 $P(a \leq X \leq b)$ は，確率密度関数 $f(X)$ と X 軸との間の $X=a$ から $X=b$ までの区間の面積であり，(5.11) 式でもって表される．

$$P(a \leq X \leq b) = \int_a^b f(X) dX \tag{5.11}$$

互いに独立な確率変数 $X_1, X_2, \ldots, X_n$ の平均 $\overline{X}$ は，データ数が多くなるにつれて正規分布に近づいていく．この性質を表した定理は中心極限定理と呼ばれる．(5.12) 式の確率密度関数で分布形状が表現される正規分布は，平均値

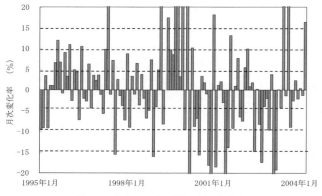

図 5.2　日本テレビの月次の株価変化率

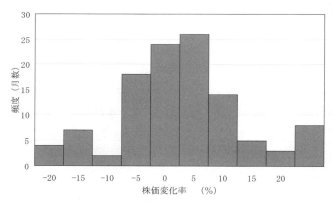

図 5.3　月次の株価変化率のヒストグラム

μ と分散 σ^2 により分布の特性が決まることから，数学的な取扱いが容易であり，さらに，実際の世界でみられる多くの頻度分布が正規分布に近い形状を示すなどの理由から，非常に重要な分布である．銀行のリスク管理で使用されるバリュー・アット・リスク（VaR：Value at Risk）計測においても正規分布がよく使われる．もっとも，実際のリスク管理では，過去 10 年に 1 度ぐらいの頻度で大きく株価が暴落することから，正規分布よりもダウンサイド側の端の部分の確率が高い分布（fat tail の分布）が検討される．なお，正規分布は，ガウス分布とも呼ばれる．

$$f(X) = \frac{1}{\sqrt{2\pi}\sigma} \exp\left\{-\frac{(X-\mu)^2}{2\sigma^2}\right\} \text{[1)]} \tag{5.12}$$

なお,平均値 μ が 0,標準偏差 σ が 1 の正規分布は,標準正規分布と呼ばれる.

5.1.4 回帰分析とは

回帰分析とは,回帰という言葉が持つ意味とは異なる考え方を基礎にした分析方法である.回帰分析という言葉は,この分析方法が最初に適用された人の遺伝に関する研究に由来するものである.その研究では,親と子の身長間の遺伝関係から人の身長には平均への回帰傾向があることを見出すために,回帰分析が用いられた.

回帰分析は,n 個の変量 Y_i ($i=1,\ldots,n$) と $n \times p$ 個の変量 X_{ij} ($j=1,\ldots,p$) との間の何らかのクロスセクション(横断面)的な関係を推定する多変量解析法であり,変量 X_{ij} を説明変数(独立変数とも呼ばれる),変量 Y_i を被説明変数(従属変数,目的変数とも呼ばれる)として,変量間の関係を (5.13) 式で表す.説明変数が 1 つの $p=1$ の場合は単回帰モデル,$p \geq 2$ の場合は重回帰モデルと呼ばれる.

$$Y_i = \beta_0 + \beta_1 X_{i1} + \cdots + \beta_p X_{ip} + \varepsilon_i \tag{5.13}$$

ここで,変量 X_{ij} は,既知の確定変数である.また,誤差項 ε_i は,平均 0,分散 σ^2 確率変数である.

いま,n 個の観測値 $(X_{i1}, X_{i2}, X_{i3}, Y_i)$ ($i=1,\ldots,n$) を (5.13) 式で表すと,

$$\begin{aligned}
Y_1 &= \beta_0 + \beta_1 X_{11} + \beta_2 X_{12} + \beta_3 X_{13} + \varepsilon_1 \\
Y_2 &= \beta_0 + \beta_1 X_{21} + \beta_2 X_{22} + \beta_3 X_{23} + \varepsilon_2 \\
&\cdots\cdots\cdots\cdots\cdots\cdots\cdots\cdots \\
Y_n &= \beta_0 + \beta_1 X_{n1} + \beta_2 X_{n2} + \beta_3 X_{n3} + \varepsilon_n
\end{aligned} \tag{5.14}$$

と表現される.ここで,ベクトルと行列を用いて

[1)] exp はネイピア数と呼ばれ,
$$\lim_{n \to \pm\infty} \left(1 + \frac{1}{x}\right)^x = e$$
で定義される数で $e (\simeq 2.718)$ の指数関数を表す数学記号である.

$$\mathbf{Y} = \begin{bmatrix} Y_1 \\ Y_2 \\ \vdots \\ Y_n \end{bmatrix}, \mathbf{X} = \begin{bmatrix} 1 & X_{11} & X_{12} & X_{13} \\ 1 & X_{21} & X_{22} & X_{23} \\ \vdots & \vdots & \vdots & \\ 1 & X_{n1} & X_{n2} & X_{n3} \end{bmatrix}, \boldsymbol{\beta} = \begin{bmatrix} \beta_0 \\ \beta_1 \\ \beta_2 \\ \beta_3 \end{bmatrix}, \boldsymbol{\varepsilon} = \begin{bmatrix} \varepsilon_1 \\ \varepsilon_2 \\ \vdots \\ \varepsilon_n \end{bmatrix}$$

とし，(5.14) 式は，これらのベクトルと行列を用いて，

$$\mathbf{Y} = \mathbf{X}\boldsymbol{\beta} + \boldsymbol{\varepsilon} \tag{5.15}$$

と表現できる．この表現は線形表現と呼ばれる．

通常の統計ソフトで回帰分析を行った場合に推定される回帰モデルは，標準線形回帰モデルと呼ばれ，説明変数の $\mathbf{X}$ と誤差項 $\boldsymbol{\varepsilon}$ は，以下の条件を満たすことが仮定される．

条件 1　誤差項 $\boldsymbol{\varepsilon}$ の平均値（期待値） $E(\boldsymbol{\varepsilon})$

なお，株式収益率のような時系列データに対して回帰分析を用いた場合に，誤差項 $\boldsymbol{\varepsilon}$ の性質としては，その確率分布が通常，時間と無関係に平均 0，分散 σ^2 で一定の確率分布であり，また，異なる時点間の誤差項 ε_t と ε_s の相関係数が 0 であることが仮定される．

条件 2　誤差項の分散共分散 $\mathbf{V}(\boldsymbol{\varepsilon}) = \sigma^2 \mathbf{I}$．なお，$\mathbf{I}$ は，単位行列（unit matrix）で，σ^2 は正定数である．

条件 3　説明変数 $\mathbf{X}$ は互いに独立である．(5.14) 式の例では，説明変数 (X_{i1}, X_{i2}, X_{i3}) は互いに独立である．

定数項 β_0，および，回帰係数 β_i は，一般には最小 2 乗法に基づいて推定される．最小 2 乗法とは (5.16) 式で示されるように，各観測データ Y_i からの距離の 2 乗和を最小にするような ϕ の推定量 $\widehat{\phi}$ を求めることである．

$$\sum_{i=1}^{n}(Y_i - \phi)^2 \rightarrow 最小 \tag{5.16}$$

つまり，図 5.4 で示すように説明変数が 1 つの場合の説明変数 X_1 と被説明変数 Y 間の単回帰モデルを例に考えた場合，β_0，β_1 は，Y 軸に関して測った n 個の観測データ (X_{1i}, Y_i) $(i = 1, \ldots, n)$ と未知の回帰直線との間の直線距離の 2 乗和（(5.17) 式で示す残差 e_i の 2 乗和）が最小になるように推定される

ことである.この残差 e_i は,実際には観測できない誤差項 ε_i の実現値とみなされる.

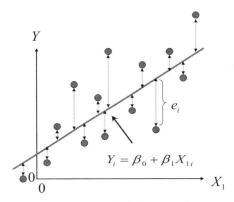

図 5.4 回帰直線(単回帰モデル)

$$f(\beta_0, \beta_1) = \sum_{i=1}^{n}(Y_i - \beta_0 - \beta_1 X_{1i})^2 = \sum_{i=1}^{n} e_i^2 \qquad (5.17)$$

残差 e_i の 2 乗和を最小にする β_0, β_1 を求めるには,(5.17) 式を β_0, β_1 の関数とみて,残差 e_i の 2 乗和が最小になる β_0, β_1 を求めればよい.

すなわち,関数 f を β_0, β_1 で偏微分[*2]をして,(5.18) 式と (5.19) 式を求め,それぞれの式を 0 とおく.

$$\frac{\partial f(\beta_0, \beta_1)}{\partial \beta_0} = -2\sum_{i=1}^{n}(Y_i - \beta_0 - \beta_1 X_{1i}) = 0 \qquad (5.18)$$

$$\frac{\partial f(\beta_0, \beta_1)}{\partial \beta_1} = -2\sum_{i=1}^{n} x_{1i}(Y_i - \beta_0 - \beta_1 X_{1i}) = 0 \qquad (5.19)$$

そして,これらの式より β_0, β_1 の推定量 $\widehat{\beta_0}$, $\widehat{\beta_1}$ が (5.20) 式と (5.21) 式から得られる.

$$\widehat{\beta_0} = \overline{y} - \widehat{\beta_1}\overline{X}_1 \qquad (5.20)$$

[*2] 理系ならば,大学の 1 年生の解析学の授業で習う.

$$\widehat{\beta}_1 = \frac{\sum_{i=1}^{n}(x_{1i}-\overline{X}_1)(y_i-\overline{Y})}{\sum_{i=1}^{n}(X_{i1}-\overline{X}_1)^2} = \frac{S_{X_1Y}}{S_{X_1}^2} \tag{5.21}$$

ただし，S_{X_1Y} は，説明変数 X_1 と被説明変数 Y との間の共分散，S_{X_1} は，X_1 の標準偏差であり，その 2 乗した $S_{X_1}^2$ は，X_1 の分散である．なお，線形代数を用いると，説明変数が複数の重回帰の場合も回帰係数 β を簡単に求めることができる．興味のある読者は，佐和（1979）を参照されたい．

次に実務で回帰モデルを応用していくうえで，確認すべきいくつかの重要なポイントを説明していくことにする．

まず，最初に回帰モデルを推定していくうえで重要な点は，モデルで使用する説明変数が統計的に有意な変数であるかどうかの検定である．使用する説明変数が被説明変数に影響を与えない，つまり，説明変数に対する回帰係数が 0 であるという仮説を考え，回帰係数が 0 と異なるということが統計的基準で判断されれば，この問題は解決される．

回帰係数の値が 0 と異なるかどうかを判断するには，回帰係数をその推定誤差で割った相対的な大きさを求め，その相対的な大きさを統計的に検定すればよい．この相対的な大きさとして統計量の t 値が用いられる．

推定された回帰係数 $\widehat{\beta}$ が，平均 0，標準偏差 σ_β の正規分布にしたがう母集団から得られたと仮定するならば，この回帰係数 $\widehat{\beta}$ の t 値は，(5.22) 式で与えられる．

$$t = \frac{\widehat{\beta}}{S_\beta} \tag{5.22}$$

ここで，$\widehat{\beta}$ は推定された回帰係数，S_β は $\widehat{\beta}$ の標本標準偏差である．自由度 n の t 分布の密度関数は，(5.23) 式で表される．

$$t_n(X) = \frac{1}{\sqrt{n}B\left(\frac{n}{2},\frac{1}{2}\right)}\left(\frac{X^2}{n}+1\right)^{-\frac{n+1}{2}} \tag{5.23}$$

そして，この t 値は，自由度 [*3)]（データ数 n − 説明変数の数と定数項 $(p+1)$）の t 分布にしたがう．t 分布は，平均 0 を中心とした左右対称な分布であり，正規分布よりも尖った分布形状となる．

[*3)] 自由度は，自由な値をとることができるデータ数に相当する数値を指す．

分析者は，得られた t 値により，回帰係数 $\widehat{\beta}$ が0であるという仮説を統計的に検定するためには，仮説が正しいと考えるにはあまりにも低い確率なので，受容できないと判断する t 値の領域を決める必要がある．この仮説棄却域の確率は，有意水準と呼ばれる．t 値の絶対値がその有意水準で示す値より大きいときに，回帰係数が0であるという仮説は棄却される．どのような有意水準の値を用いるかは，分析者の判断に任されており，通常，有意水準の値は，0.05（5％水準）あるいは0.01（1％水準）が用いられることが多い．

次に，回帰モデルの評価で2番目に確認すべき重要なポイントは，モデルの被説明変数に対する当てはまりのよさ（説明力）である．これをみるうえで重要な統計量としては決定係数 R^2 があげられる．決定係数 R^2 は，被説明変数の変動全体に対して残差を除いた説明変数部分の変動が占める割合を示したものであり，(5.24) 式で表される．

$$R^2 = 1 - \frac{\sum_{i=1}^{n} e_i^2}{\sum_{i=1}^{n}(Y_i - \overline{Y})^2} \\ = \frac{\sum_{i=1}^{n}\{(\widehat{\beta}_0 + \widehat{\beta}_1 X_{1t} + \cdots + \widehat{\beta}_p X_{pt}) - \overline{Y}\}^2}{\sum_{i=1}^{n}(Y_i - \overline{Y})^2} \tag{5.24}$$

この決定係数 R^2 は，説明変数の数が増えるにしたがい1に近づいていく点に問題がある．つまり，説明変数の数が多い方がモデルがよいモデルとなってしまうことになる．説明変数の数が増えると推定すべきパラメータ（回帰係数）の数も増えることから，モデルとして信頼性が損なわれる危険性が出てくる．

そこで，この問題点を解決するために考案された統計量に自由度修正済決定係数 $\overline{R}^2$ がある．この統計量は，モデルの自由度（データ数 n − 説明変数の数と定数項 $(p+1)$）を考慮したもので (5.25) 式で表される．

$$\overline{R}^2 = \frac{n-1}{n-(p+1)} R^2 - \frac{p}{n-(p+1)} \tag{5.25}$$

(5.25) 式で自由度 $(n-(p+1))$ が小さい場合には，第2項の影響が大きくなり，見かけ上のよさが差し引かれる．

モデルの評価で3番目に確認すべき重要なポイントは，残差 e_i が互いに無相関であるという条件を確認することである．つまり，株価のような時系列データの場合，残差 e_i の i は時点を意味することから，異なる時点間の残差が無相

関であることを確認する必要がある．回帰モデルでは前述したように残差 e_i が互いに無相関であることを前提にしており，この条件が成立しないならば，推定値 $\widehat{\beta}_i$ は有効でなくなる．

そこで，この点を確認するためによく使われる統計量としてダービン・ワトソン（DW）の検定量 d がある．ダービン・ワトソンの検定量 d は，残差系列に系列相関があるかどうかを検定する統計量であり，(5.26) 式で定義される．なお，ダービン・ワトソンの検定量 d は，e_i と e_{i-1} との1時点間における残差の系列相関を検定しているにすぎないことに注意する必要がある．

$$d = \frac{\sum_{i=2}^{n}(e_i - e_{i-1})^2}{\sum_{i=1}^{n} e_i^2} \tag{5.26}$$

ダービン・ワトソンの検定量 d は残差 e_i と1期ラグの残差 e_{i-1} との相関係数 $\widehat{\rho}$ により (5.27) 式で近似される．

$$\widehat{\rho} = \frac{\sum_{i=2}^{n} e_i e_{i-1}}{\sqrt{\sum_{i=2}^{n} e_i^2}\sqrt{\sum_{i=2}^{n} e_{i-1}^2}} \tag{5.27}$$

$$\widehat{d} \approx 2(1 - \widehat{\rho})$$

通常，ダービン・ワトソンの検定量による判定方法としては有意水準（0.05，または，0.01）を決め，データ数 n と説明変数の数 p（定数項を除く）から図5.5 で示すような d_l と d_u の数値を，ダービン・ワトソンの検定量の数表（本書の巻末の付表）から得て，検定量 d がどの範囲に含まれるかで系列相関の有無を判定する．つまり，ダービン・ワトソンの検定量 d が d_u との $4-d_u$ 間にあれば，残差に系列相関がなく，d が d_l 以下の場合に図5.6 で示すような残差が正の期間がしばらく続いた後，負の期間がしばらく続く正の系列相関を持ち，また，d が $4-d_l$ より大きい場合に図5.7 で示すような正と負の誤差がほぼ交互に現れる負の系列相関を持つと判断される．なお，ダービン・ワトソンの検定量が，d_l と d_u の間，または，$4-d_u$ と $4-d_l$ の間の場合には系列相関の有無を判定できない．回帰モデルの説明変数のなかに被説明変数の過去の値を含んだ場合には，例えば，ある説明変数の影響度が過去に遡るほど幾何級数的に減衰すると考えるコイック・ラグが存在する場合，このとき回帰モデルの説明変数のなかに被説明変数の1期ラグ（Y_{i-1}）を含んだ式と同値となるが，こ

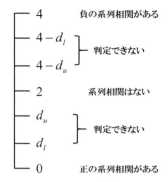

図 5.5　ダービン・ワトソンの検定量による判定方法

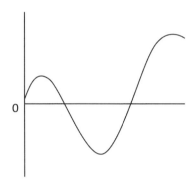

図 5.6　残差 e_i に正の系列相関がある場合

の場合には，ダービン・ワトソンの検定量 d ではなく，同じダービンが考案したダービンの h 統計量を用いる．本書では，ダービンの h 統計量を説明しないが，興味ある読者は刈屋（1985）を参照されたい．

　以上，回帰モデルを推定するうえで確認すべき重要な基本統計量について解説してきたが，このほか，回帰モデルについては数多くの統計量が考案されており，ここで解説してきた項目は，回帰分析を行ううえでの必要最低限のチェック項目と思われる．

　株式データをはじめ金融・証券データを分析すると，誤差項に系列相関構造があったり，誤差項の分散が不均一である場合，さらに，誤差項の分布が正規分布でないケースに頻繁に出会う．そのようなケースには，一般化最小2乗法や

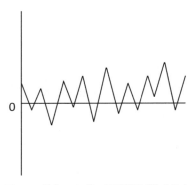

図 5.7 残差 e_i に負の系列相関がある場合

加重回帰分析など他の分析方法を適用することになる．回帰分析のより詳細については本書では説明しないが，良書が多く出ているので，興味のある読者は佐和 (1979)，刈屋・勝浦 (1994)，森棟 (1999) を参照されたい．

次節より回帰分析を用いた応用例を解説する．

5.2 回帰分析の応用例その 1

第 2 章で，企業利益に関連した概念を説明してきた．本節では，回帰分析を利用した利益の成長率の求め方を説明する．

5.2.1 増益率・成長率の定義

まず，最初に利益の変動を把握するための利益変化率などの指標を説明する．増益率（利益成長率）はシンプルに (5.28) 式で定義される．

$$X_t = \frac{E_t - E_{t-1}}{E_{t-1}} = \frac{E_t}{E_{t-1}} - 1 \tag{5.28}$$

すなわち，t 期の利益 E_t の伸びを，$t-1$ 期の利益 E_{t-1} でデフレートされる．ただし，注意が必要なのは，(5.28) 式の分母の $t-1$ 期の利益が赤字（マイナス）の場合である．例えば，分子にあたる，t 期の利益が減少した銘柄を考えると，分子がマイナスに大きい方が，マイナスでデフレートすることから，増益率がプラスに大きくなってしまうからだ．

そこで，単純に基準化するための，分母の利益を絶対値とする (5.29) 式が

考えられる．

$$X_t = \frac{E_t - E_{t-1}}{|E_{t-1}|} \tag{5.29}$$

売上高などの原則としてプラスの値をとる財務情報の伸び率の算出には (5.28) 式が用いられるが，マイナスの値をとりうる財務情報の伸び率の算出では (5.29) 式をベースとした伸び率が用いられる．

しかし，(5.28) 式や (5.29) 式による伸び率の算出に関して，留意すべき点がある．分母の $t-1$ 期の利益の値が 0 に近い場合である．例えば，$t-1$ 期の利益が -1 億円の企業の，t 期の利益 1,000 億円に増えたとする．この場合に (5.29) 式を用いると，次のようになる．

$$X_t = \frac{1,000 - (-1)}{|-1|} = 1001 = 100100\% \tag{5.30}$$

すなわち，基準化する際の利益の値の絶対値が小さいと，伸び率が実感以上に過大に求められてしまうということである．これを修正するために，運用実務では (5.31) 式が用いられる．

$$X_t = \frac{E_t - E_{t-1}}{|E_t| + |E_{t-1}|} \tag{5.31}$$

Ohlson (1980) は米国企業の倒産確率を推計するモデルを考案したが，そのモデルの変数に (5.31) 式で定義した税引利益成長率を用いた．(5.31) 式を使って，上の例を求めると，(5.32) 式となる．

$$X_t = \frac{1,000 - (-1)}{1,000 + |-1|} = 1 = 100\% \tag{5.32}$$

すなわち，(1) 赤字から黒字への変化は 100% として，その反対である，(2) 黒字から赤字への変化は -100% と計算される．

運用実務では，(5.31) 式を改良して，(5.33) 式として使われるケースがみられる．(5.29) 式を改良した (5.31) 式であるが，(5.31) 式は分母に t 期と $t-1$ 期の利益が合算されてしまっているため，数字のレベル感をそろえるために，(5.31) 式の分母を 2 で割ったものである．実務では，ローゼンバーグ方式と呼ばれている．

$$X_t = \frac{E_t - E_{t-1}}{\frac{|E_t| + |E_{t-1}|}{2}} \tag{5.33}$$

ローゼンバーグ方式では，(1) 赤字から黒字への変化は 200% として，その反対である，(2) 黒字から赤字への変化は −200% と計算される．

ただし，(5.31) 式を用いると，(5.29) 式で求めた数値と比べて，200% と −200% なる特異点が生じるため，外れ値の処理などのケースや分布の扱いには留意が必要である．

5.2.2　増益率・成長率の定義：様々な定義

前項では，増益率・成長率のベーシックな定義を示した．本項では，様々に拡張された，増益率・成長率を定義する．

● 長期の成長率

長期の成長率をどのように求めるか？に明確な決まりはない．しかし，計算上には注意が必要となる．例えば，次の例で 3 年平均成長率を計算する．

表 5.1　利益の推移

	2010 年	2011 年	2012 年	2013 年
利益	100	110	90	120
年間成長率		10.0 %	−18.2 %	33.3%

ここで 2011 年の利益は 100→110 に変化しているため，前項で示された (5.28) 式を用いると，(5.34) 式となり 10% となる．

$$\frac{110-100}{100} = \frac{110}{100} - 1 = 10\% \tag{5.34}$$

そして，2011 年からの 3 年間（2011 年，2012 年と 2013 年）の成長率を単純平均すると，8.4% となる．しかし，実際には，年複利ベースでの成長率の算出が多くのケースで用いられる．実際には，(5.35) 式がベースとなる．

$$長期成長率 = \left(\frac{n\,年後の利益}{前年の利益}\right)^{\frac{1}{n-1}} - 1\% \tag{5.35}$$

表 5.1 に関して，この (5.35) 式を適用すると，(5.36) 式となる．

$$\left(\frac{120}{100}\right)^{\frac{1}{3-1}} - 1 = 9.54\% \tag{5.36}$$

5.2 回帰分析の応用例その1

- 回帰分析により求める長期の成長率

ところで，このような方法で求められる成長率において算出が困難なケースもある．表 5.2 に示されるように，起点である前年の利益がマイナスとなるケースである．

表 5.2 利益の推移

時点 t	0	1	2	3
	2010 年	2011 年	2012 年	2013 年
利益	−50	5	90	100

単純に (5.35) 式では

$$\left(\frac{100}{-50}\right)^{\frac{1}{3-1}} - 1 \tag{5.37}$$

において，

$$\left(-\frac{1}{2}\right)^{\frac{1}{2}} - 1 \tag{5.38}$$

となるが，2分の1乗（ルート）のなかが，マイナス値となるため，実数値をとらない．

そこで，回帰モデルの適用を考える．時点 t を説明変数とする一方，利益を被説明変数とした回帰分析である．図 5.8 は回帰分析の結果である．

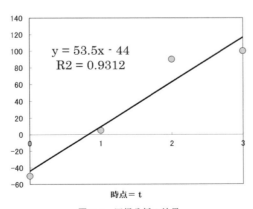

図 5.8　回帰分析の結果

ここでは，横軸に，時点 t とする一方，縦軸に利益をプロットする．そして，これらの間で，近似線を示す．Excel では「グラフ」メニューに「近似曲線の追加」があり，ここで種類を「線形近似」としたものである．ここでは傾きである 53.5 が注目される．これは 1 年（単位）当たり，53.5 の変化があることを示すものである．例えば，この値は時点 0 の -50 の絶対値である 50 と，時点 3 の（絶対値である）100 の単純平均の 75 でデフレートすると，71.33% の値が出るため，これを成長率として求めるケースもある．

- マイナスの処理

実は，マイナスの処理に関しては，実証分析などにおいても工夫がみられる．Ljungqvist and Wilhelm（2005）では，次の処理を行っている．

$$\ln(1 + 利益) \quad \text{if } 利益 \geq 0 \tag{5.39}$$

$$-\ln(1 - 利益) \quad \text{if } 利益 < 0 \tag{5.40}$$

これは，図 5.9 の形となる．利益がプラスの場合は，「対数利益」の代わりに「対数 $(1 + 利益)$」を用いる．そして，利益がマイナスの場合は，「対数利益」の代わりに「$-$対数 $(1 - 利益)$」を用いる．これにより，次の点が示される．

1) 対数をとる前に 1 を加えることで，対数をとった後の値は正となる．
2) 利益がプラスの場合とマイナスの場合とで，対数 EBIT の絶対値は同じだが，符号のみが反転することになる．

さらに Garcia-Feijoo and Jorgensen（2010）では成長率を次のように定義している．t 期の営業利益 X_t と，その期待値 $E(X_t)$ の関係を (5.41) 式のように表す．μ_t^X は，$E(X_t)$ から X_t への連続変化率である．

$$X_t = E(X_t) \exp(\mu_t^X) \tag{5.41}$$

さらに，営業利益の期待値 $E(X_t)$ に関する成長率を g_x とすると，t 年における営業利益の期待値 $E(X_t)$ と，その始点となる営業利益 X_0 との関係は (5.42) 式で表される．

$$E(X_t) = X_0 \exp(g_{X_t}) \tag{5.42}$$

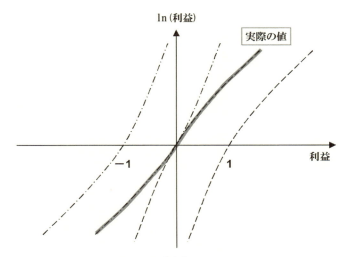

図 5.9 対数変換のイメージ

(5.41),(5.42) 式より,(5.43) 式が得られる.

$$X_t = X_0 \exp(g_{X_t} + \mu_t^X) \tag{5.43}$$

両辺の対数をとると,(5.44) 式が得られる.

$$\ln X_t = \ln X_o + g_{X_t} + \mu_t^X \tag{5.44}$$

(5.43) 式を時系列回帰分析によって推定された g_{X_t} が利益成長率となる.利益成長率に関しては,負値をとらないケースではシンプルなアプローチで求められるが,実際のデータでは負値となるため,様々な処理の工夫が必要となる.

5.3 回帰分析の応用例その 2

本節では,回帰分析の応用例の 2 つ目として,Wilcox（1984）の P/B-ROE モデルについて述べる.

マーケットアプローチの,代表的なモデルには,Wilcox（1984）の P/B-ROE モデルなどがあることは,既に 3.2.1 節で指摘した.同モデルは,株式市場において,ROE（株主資本利益率）に対する PBR（株価純資産倍率）の関係を

モデル化するものである．Wilcox (1984) におけるモデルのフレームワークは次のようである．

$$\frac{P_{i,0}}{B_{i,0}} = \frac{P_{i,t}}{B_{i,t}} \times e^{(g_{i,t}-k_{i,t})t} + \frac{d_{i,t}}{k_{i,t}-g_{i,t}}\left\{1 - e^{(g_{i,t}-k_{i,t})t}\right\} \quad (5.45)$$

ただし，$P_{i,t}/B_{i,t}$：i 銘柄の t 時点における PBR．$P_{i,0}/B_{i,0}$ は 0 時点（起点）の PBR．

$g_{i,t}$：i 銘柄の t 時点における自己資本の予想成長率，

$d_{i,t}$：i 銘柄の t 時点における自己資本に対する配当の利回り，

$k_{i,t}$：i 銘柄の t 時点における期待株主資本コスト．

ここで簡単のために，配当を $d=0$ と仮定すると (5.46) 式となる．

$$\frac{P_{i,0}}{B_{i,0}} = \frac{P_{i,t}}{B_{i,t}} \times e^{(g_{i,t}-k_{i,t})t} \quad (5.46)$$

両辺の自然対数をとると (5.47) 式である．

$$\ln\left(\frac{P_{i,0}}{B_{i,0}}\right) = \ln\left(\frac{P_{i,t}}{B_{i,t}}\right) - (k_{i,t}-g_{i,t})t \quad (5.47)$$

ここで $(k_{i,t}-g_{i,t})$ は期待資本コストの $k_{i,t}$ から自己資本の予想成長率 $g_{i,t}$ が ROE の関数として考える．この前提は実感とも整合する．企業の成長率を上回る投資家の期待資本コストは，自己資本に対する利益率が決定要因として大きく支配するということである．なお $\ln(P_{i,0}/B_{i,0})$ は起点の PBR として 0 とすると (5.48) 式となる．

$$\ln\left(\frac{P_{i,t}}{B_{i,t}}\right) = (k_{i,t}-g_{i,t})t \quad (5.48)$$

さらに (5.48) 式を一般化して (5.49) 式の回帰モデルを考える．この (5.49) 式が，実務で適用される P/B-ROE モデルとなる．

$$\ln\left(\frac{P_{i,t}}{B_{i,t}}\right) = a_t + b_t \times \text{ROE}_{i,t} + \varepsilon_{i,t} \quad (5.49)$$

ただし，$\text{ROE}_{i,t}$：i 銘柄の t 時点における ROE．

a_t, b_t：切片項，および回帰係数，

$\varepsilon_{i,t}$：i 銘柄の t 時点における残差項．

両辺を元に戻すと，

$$\frac{P_{i,t}}{B_{i,t}} = \exp(a_t + b_t \times \mathrm{ROE}_{i,t} + \varepsilon_{i,t}) \tag{5.50}$$

となり，P/B に対して非線形になる．

Wilcox (1984) では，(5.49) 式のクロスセクショナル回帰分析を行い，米国市場においていくつかのケースでの推計が試みられた．そして 1981 年末時点での，Value Line 株価指数[*4]に組み入れられている銘柄を対象に分析を行った結果，(5.51) 式を示している．

$$\ln\left(\frac{P_{i,t}}{B_{i,t}}\right) = -1.32 + 9.2 \times \mathrm{ROE}_i \tag{5.51}$$

5.3.1　P/B-ROE モデルを使った運用戦略の概要

具体的に，(5.49) 式の回帰分析により投資戦略をシンプルに用いる場合には，分析対象銘柄をクロスセクションに捉えて，PBR の対数を被説明変数とする一方，ROE を説明変数とした回帰分析を行い，そのモデルで説明できない残差項を割安と割高の判断に使うものである．

(5.49) 式で推定した回帰直線を横軸 ROE，縦軸を P/B (PBR) にした場合を図 5.10 に示す．図で示されるように，回帰線に対して，プラス方向に乖離（残差項）が大きい銘柄をショート（売り）する一方で，回帰線に対して，マイナス方向に乖離（残差項）が大きい銘柄をロング（買い）する戦略となる．

5.3.2　P/B-ROE モデルの実務の適用について

実際の分析に次のようなルールを設定する．

- ユニバース：東証一部上場企業
- 分析時点：2015 年 10 月末
- 連結優先の税引利益と自己資本
- 時間加重予想利益：予想は通常，1 期（今期予想）と 2 期（来期予想）があるため，どちらに注目すべきかが問題となる．株価は将来の利益に先行するため 2 期が重要ともいえるが，予測値の信頼性を考えると，1 期を使うべき時期もある．そこで，(5.52) 式を使って，今から将来 1 年間の利益

[*4] 投資調査サービスを提供する独立会社のバリューライン社が提供する株価指数．

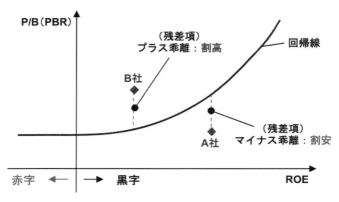

図 5.10　P/B-ROE モデルの投資戦略への応用

を予想 1 期と 2 期を期間 S で加重することによって求める

$$\text{時間加重利益} = \frac{S}{12} \times \text{予想 1 期利益} + \left(1 - \frac{S}{12}\right) \times \text{予想 2 期利益} \quad (5.52)$$

具体的なデータ処理は次の手順で行う．

（手順 1）東証一部上場企業を対象に，2015 年 10 月末時点の時間加重予想利益ベースの ROE と，PBR のデータを用意する．ここで自己資本がマイナスの銘柄は対象外とする．自己資本がマイナスの銘柄を除く理由は，(1) PBR の対数が算出できないことと，(2) ROE を算出する際の分母がマイナスであるこ

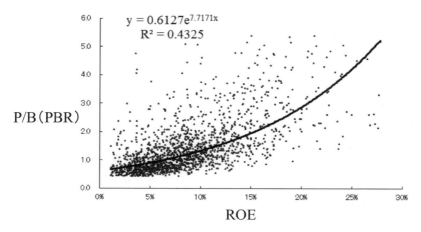

図 5.11　2015 年 10 月末の P/B-ROE モデル

との経済的な意味付けが困難であることが理由である．

（手順 2）外れ値の処理を行う．分析対象銘柄をクロスセクションにみて 3%（97%）点以下（以上）のものは，その 3%（97%）点の数値で置換する外れ値の処理を行う．

（手順 3）PBR は自然対数をとり，(5.49) 式の回帰分析を行う．

（手順 4）回帰線からの乖離を銘柄選択の判断に用いる．

実際の回帰分析の結果を図 5.11 に示す．この図の縦軸は，PBR にしているため，回帰した際の回帰直線が非線形な形状に変化している．ln(PBR) でなく PBR にしているのは，実務現場では ln(PBR) では直観的に把握しにくいためである．

6

ファクターモデル

6.1 資本資産評価モデル

1970年代あたりまでは株式リターンの決定要因に関する研究は，市場の効率性などを前提にモデル化されたSharpe (1964) の資本資産評価モデル (Capital Asset Pricing Model; CAPM) が研究のベースのモデルとして用いられる場面が多かった．本節では，最初に，CAPMについて述べる．

株式を含めた広い意味での有リスク証券価格の決まり方を説明する理論の1つに均衡理論がある．この理論は，十分な情報が投資家の間に行き渡る（市場が効率的である）場合，合理的な投資行動のもとで証券価格がどのように決定されるかを説明しようとする理論である．

均衡理論に基づくCAPMは，ある証券の市場全体の価格変動に対する相対的なリスクに焦点を当てたもので，いくつかの理想的な前提条件のもとで証券価格の決まり方を説明するモデルである．

6.1.1 リスク分散効果

CAPMの概念を理解するための前準備として，1952年にHarry Markowitz（ハリー・マーコビッツ）が提唱した最適ポートフォリオ理論を説明する．最適ポートフォリオ理論に始まる投資分野に関する一連の研究は，現代ポートフォリオ理論と総称される．そこでは，統計量の標準偏差が，収益率（リターン）に対するリスク（不確実性）を表す指標とされており，収益率の標準偏差が大きい場合にリスクが大きいとみなされる．

6.1 資本資産評価モデル

通常,投資の世界でリスクが大きいといった場合には,損失を被る危険性が大きいと連想するが,現代ポートフォリオ理論では将来の不確実性の大きさをリスクと定義している.

ここで,現代ポートフォリオ理論の重要な要素であるリスク分散効果について説明する.リスク分散効果とは,複数銘柄に資金を分散投資することにより,ポートフォリオ[*1]のリスク(収益率の標準偏差)が低減する効果があることを指す.

ここで,リスク分散効果を理解するために,2銘柄から構成されるポートフォリオを考える.まず,ポートフォリオの期待収益率(期待リターン)[*2]とリスク(収益率の標準偏差)の関係をみてみよう.

いま,ポートフォリオにおける銘柄Aと銘柄Bの配分比率をそれぞれw_A,w_B,銘柄Aと銘柄Bの収益率をそれぞれR_A,R_B,また,期待収益率をそれぞれ$E(R_A)$,$E(R_B)$,そして,それぞれのリスク(収益率の標準偏差)をσ_A,σ_B,銘柄Aと銘柄B間の共分散をσ_{AB},銘柄Aと銘柄Bの間の相関係数をρ_{AB}とすると,ポートフォリオの期待収益率$E(R_p)$とリスク(収益率の標準偏差)σ_pは(6.1)式と(6.2)式で表される.

〈ポートフォリオの期待収益率〉

$$E(R_p) = w_A E(R_A) + w_B E(R_B)$$
$$w_A + w_B = 1 \tag{6.1}$$

〈ポートフォリオのリスク(収益率の標準偏差)〉

$$\sigma_p = \sqrt{\sigma_p^2} \tag{6.2}$$

〈ポートフォリオの収益率の分散〉

$$\begin{aligned}\sigma_p^2 &= E(R_p - E(R_p))^2 \\ &= w_A^2 \sigma_A^2 + w_B^2 \sigma_B^2 + 2 w_A w_B \sigma_{AB} \\ &= w_A^2 \sigma_A^2 + (1-w_A)^2 \sigma_B^2 + 2 w_A (1-w_A) \sigma_A \sigma_B \rho_{AB} \end{aligned} \tag{6.3}$$

〈銘柄Aと銘柄Bの収益率の変動間の相関係数〉

[*1] 資産全体を意味する.
[*2] 確率論では,平均値を期待値と呼ぶ.

$$\rho_{AB} = \frac{\sigma_{AB}}{\sigma_A \sigma_B} \tag{6.4}$$

銘柄間の投資比率を変化させることによって，ポートフォリオの期待収益率 $E(R_p)$ とリスク σ_p がどのように変化するかをみてみよう．ここで，銘柄 A と銘柄 B の期待収益率をそれぞれ $E(R_A) = 10\%$，$E(R_B) = 1\%$，リスク（収益率の標準偏差）をそれぞれ $\sigma_A = 15\%$，$\sigma_B = 10\%$，また，銘柄 A と銘柄 B の収益率変動間の相関係数を $\rho_{AB} = -0.5$ とする．

まず，ポートフォリオの期待収益率は，

$$\begin{aligned} E(R_p) &= w_A E(R_A) + w_B E(R_B) \\ &= w_A \cdot 10 + (1 - w_A) \cdot 1 \\ &= 9w_A + 1 \end{aligned} \tag{6.5}$$

となる．また，ポートフォリオの収益率の分散が

$$\begin{aligned} \sigma_p^2 &= E(R_p - E(R_p))^2 \\ &= w_A^2 \sigma_A^2 + w_B^2 \sigma_B^2 + 2w_A w_B \sigma_{AB} \\ &= w_A^2 15^2 + (1 - w_A)^2 10^2 + 2w_A(1 - w_A) \cdot 15 \cdot 10 \cdot (-0.5) \\ &= w_A^2 15^2 + (1 - 2w_A + w_A^2) 10^2 + (2w_A - 2w_A^2) \cdot 15 \cdot 10 \cdot (-0.5) \\ &= 475 w_A^2 - 350 w_A + 100 \end{aligned} \tag{6.6}$$

で求まるので，したがって，ポートフォリオのリスク（収益率の標準偏差）は，

$$\sigma_p = \sqrt{\sigma_p^2} = \sqrt{475 w_A^2 - 350 w_A + 100} \tag{6.7}$$

となる．

(6.5) 式と (6.6) 式から得られるポートフォリオにおける銘柄 A の配分比率を w_A を変化させた場合のポートフォリオの期待収益率とリスク（収益率の標準偏差）の変化を図 6.1 に示す．

銘柄 A の配分比率 100% から配分比率を減らし，銘柄 B の配分比率を増やしていくと，両方の銘柄を結んだ直線よりもポートフォリオのリスクは左側に推移する．つまり，この A, B の 2 銘柄から構成されるポートフォリオのリスクは，両銘柄の配分比率でリスクを加重平均した値よりも小さくなる．

このようにポートフォリオのリスク（収益率の標準偏差）は，構成銘柄のリ

6.1 資本資産評価モデル

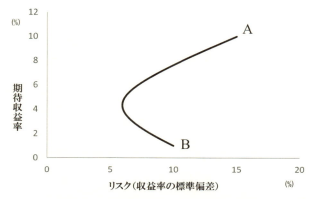

図 **6.1** ポートフォリオの期待収益率とリスク（収益率の標準偏差）の推移

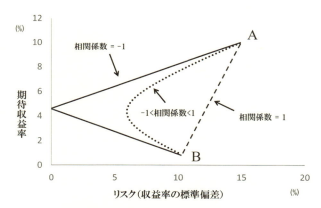

図 **6.2** 2 銘柄間の収益率の相関係数とポートフォリオのリスク

スクだけでなく，銘柄間の収益率の変動の相関係数によって影響を受ける．銘柄 A と銘柄 B の収益率変動間の相関係数が 1 より小さい場合，図 6.2 に示すようにポートフォリオのリスクは，2 銘柄のリスクの加重平均より小さな値になり，相関係数 ρ が -1 のとき，ポートフォリオのリスクをゼロにすることができる．このように，相関係数が 1 より小さくなるにしたがい，ポートフォリオのリスク低減の割合が大きくなる．この現象がポートフォリオのリスク分散効果である．

N 銘柄の有リスク証券からなるポートフォリオの期待収益率：

$$E(R_p) = \sum_{i=1}^{N} w_i E(R_i) \tag{6.8}$$

N 銘柄の有リスク証券からなるポートフォリオのリスク（収益率の標準偏差）：

$$\begin{aligned} \sigma_p &= \sqrt{\sigma_p^2} \\ \sigma_p^2 &= \sum_{i=1,j=1}^{N} w_i w_j \sigma_{ij} \end{aligned} \tag{6.9}$$

ポートフォリオの各構成銘柄の組み入れ比率を変化させた場合，期待収益率とリスク（収益率の標準偏差）座標面上におけるポートフォリオの存在領域は，投資機会集合と呼ばれる．

6.1.2　最適ポートフォリオの選択

ポートフォリオの存在領域において，投資家はどのポートフォリオを選択すればよいだろうか．合理的な投資家は，同じリスクならば期待収益率が最大になるポートフォリオを選択するであろう．例えば，図 6.3 で示すポートフォリオの存在領域において，同じリスクで期待収益率が最大になるポートフォリオ群は，図の実線で示す im 曲線上に存在する．m の点は，リスクが最小になるポートフォリオである．この曲線 im 区間は，有効フロンティアと呼ばれる．

次に，投資家がこの有効フロンティア上のどのポートフォリオを選択すべきかが問題となる．この問題を解決するためには投資家がどのようなリスク選好

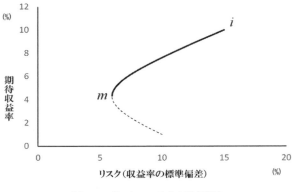

図 **6.3**　ポートフォリオの存在領域

を持っているかを定める必要がある．通常，投資家はリスク回避型であると考えられる．つまり，リスク回避型の投資家は，100万円を得たときの満足感よりも100万円を失ったときの失望感の方が大きいタイプである．リスク回避型の投資家は，リスクが増えれば，同じ期待効用を得るためにはより高いリターンを要求する．この期待効用を表した関数を効用関数と呼び，William F. Sharpe（ウィリアム F. シャープ）は，(6.10) 式で表した効用関数を用いることを提唱した．この式のなかの RT は，投資家のリスク許容度（risk tolerance）である．因みに，リスク許容度は，リスク回避度の逆数となる．この値が大きいほど，投資家は，よりリスクを許容できることを意味する．リスク許容度が大きくなるにしたがい，効用関数の曲線は，リスクに対してフラットになる．

$$E(U(R_p)) = \mu_p - \frac{\sigma_p^2}{RT} \quad (6.10)$$

ここで，$E(U(R_p))$ は期待効用，μ_p はポートフォリオの期待収益率，σ_p はポートフォリオのリスク（収益率の標準偏差）である．

この効用関数の曲線は，その線上において投資家が得る期待効用は変わらないことから，無差別曲線と呼ばれる．因みに，この無差別曲線は，期待収益率とリスク座標上では図 6.4 で示すような曲線を描く．よって，選択すべき最適なポートフォリオは，投資家のリスク選好を表す無差別曲線と有効フロンティアとの接点になる．投資家のリスク許容度により，有効フロンティア上での最適ポートフォリオは異なる．図 6.5 は異なるリスク許容度を持つ投資家の最適

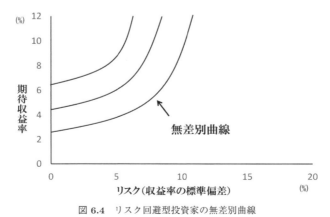

図 **6.4** リスク回避型投資家の無差別曲線

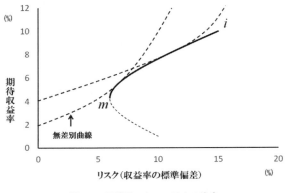

図 6.5　最適ポートフォリオの決定

ポートフォリオの位置を表しているが，リスク許容度が高くなるにつれて，最適ポートフォリオの有効フロンティア上での位置は右上に移動していく．このようにリスク許容度が高くなるにしたがい，最適ポートフォリオは，ハイリスク・ハイリターンとなる．以上で解説した最適ポートフォリオ理論は，株式の場合，個別銘柄の選択のみを考える投資理論に対して，個別証券の組み合わせとしてのポートフォリオ選択を前提に，最適資産選択を考えた投資理論である．この理論のフレームは，1.5.6項で述べたように年金基金の運用や金融商品の開発などで活用されている．

6.1.3　資本資産評価モデル（CAPM）とは

CAPMとは，どのような考え方であるのかを説明していくことにしよう．まず，CAPMの前提条件として，以下の項目が仮定される．

1) すべての投資家は，現時点において将来のある1時点の証券の期待収益率に基づいて投資の意思決定を行う．
2) 将来の証券に関する情報が個々の投資家にあまねく行き渡っており，すべての投資家が，将来のある1時点の各証券の収益率（リターン）に関して同じ期待をする．すなわち，個々の投資家が持つ各証券の期待収益率とそのリスク（収益率の標準偏差）は同じである．
3) すべての投資家はリスク回避的である．リスク回避的な投資家とは，リ

スクの増加割合以上にリターンの増加を望んだ投資行動をとる投資家である．

4) 投資家は，自由に空売り[*3]・空買い[*4]ができ，証券の売買にはコストがかからない．
5) 市場は完全競争市場である．多くの投資家が売買しており，市場価格を左右するほどの投資家は存在せず，証券の価格を所与として売買行動をする．
6) 市場には利子率 R_f のリスクのない証券（無リスク証券）が存在して，投資家は，制限なく利子率 R_f で貸借をすることができる．

以上の条件のもとで各個別証券の価格は，市場での需要と供給が均衡する点で決定される．

前項で述べた複数の株式から構成されるポートフォリオ群の有効フロンティアが，安全資産を投資対象に含めるとした場合には，図 6.6 で示されるような直線 $R_f M$ となる．個々の投資家の間では，接点 M 上の株式ポートフォリオと安全資産の組み合わせ比率が投資家のリスク許容度に応じて異なるにすぎない．すべての投資家は，まず最初に株式ポートフォリオを決定し，株式ポートフォリオと安全資産の組み合わせ比率を決める．

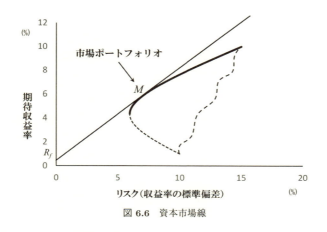

図 6.6　資本市場線

[*3] 一定の証拠金を預託して，証券会社などから現物を借り，それを売ること．
[*4] 一定の証拠金を預託して必要な資金を借りて，買い付けること．

このように無リスクである安全資産も投資対象に含めた場合，最適ポートフォリオにおける株式ポートフォリオの構成比率は，投資家のリスク許容度とは無関係に決定される．このことを James Tobin（ジェームズ・トービン）が示した．以下の内容をトービンの分離定理という．

1) 有リスク証券から構成される最適ポートフォリオの位置は，無リスク証券の利子率を通る直線が有リスク証券の有効フロンティアを接した点である．つまり，図 6.6 での接点 M である．
2) 投資家のリスク選好に基づいて，無リスク証券と接点 M 上の有リスク証券から構成されるポートフォリオとの間の最適配分比率が決定される．

効率的な証券市場で需給が一致するためには，証券市場全体の時価総額に対する個々の有リスク証券の時価総額比を構成比とする市場ポートフォリオが，点 M 上のポートフォリオでなければならない．なお，直線 $R_f M$ は，資本市場線と呼ばれる．トービンの分離定理は，株式を含めた有リスク証券全体を対象としているが，本書では株式を対象としていることから，株式市場に限定する．

すべての株式の需給が均衡しており，個々の投資家がおのおののリスク選好に応じて，最適な株式ポートフォリオを選択しているとき，株式 i の期待収益率 $E(R_i)$ は，

$$E(R_i) = R_f - \beta_i[E(R_M) - R_f] \tag{6.11}$$

ただし，R_f は安全資産の利子率，R_M は株式市場ポートフォリオの収益率，$E(R_M)$ はその期待値である．(6.11) 式の第 2 項は，市場ポートフォリオの期待収益率から安全資産の利子率を差し引いたものであり，市場ポートフォリオのリスクプレミアムを表す．β_i は，個別銘柄 i の市場ポートフォリオのリスクプレミアムに対する感応度を表し，市場ポートフォリオに対する相対的なリスクのレベルを示す．つまり，仮に β_i が 1 より大きければ，個別銘柄 i は，市場ポートフォリオよりも相対的にリスクが大きく，逆に，β_i が 1 より小さければ，個別銘柄 i は，市場ポートフォリオよりも相対的にリスクが小さいをことを示す．β_i は，(6.12) 式で表され，Cov, Var は，共分散，分散を表す記号である．

$$\beta_i = \frac{Cov(R_i, R_M)}{Var(R_M)} \tag{6.12}$$

このように CAPM は，個別銘柄 i の期待収益率は，安全資産の利子率に個別

銘柄 i のリスクプレミアムを加えたものであるという考え方を表現したものである．因みに，β_i は，一般的にベータ値，もしくは，ベータ係数とも呼ばれる．

なお，CAPMで用いられる市場ポートフォリオは，株式だけでなく債券，金，不動産，商品など売買市場のあるすべてのリスク資産を含んだ概念である．ただ，すべてのリスク資産のデータを入手することは，難しいため，実際には，株式の個別銘柄の収益率と市場ポートフォリオの代理変数とみなした TOPIX（東証株価指数）などの市場指数を収益率を用いて分析される．

6.2 Fama–French 3 ファクターモデル

前節で述べたように Sharpe（1964）の CAPM が 1970 年台あたりまでは研究のベースのモデルとして用いられる場面が多かったが，その後，Roll の批判といわれる CAPM への批判的な主張が生まれた．Roll（1977）は，市場ポートフォリオは株式だけではなく，不動産，骨董，金等を含むあらゆる危険資産から構成されねばならないとの主張である．また，CAPM の発展として，Merton（1973）により動的なモデルへの拡張が行われた．これが異時点間 CAPM（Intertemporal Capital Asset Pricing Model; ICAPM）である．

また，CAPM は，理想的な条件を前提とした理論であるため，CAPM の不十分な点を克服するために，Stephen A. Ross（1976）によって，裁定価格理論（Arbitrage Pricing Theory; APT）が提唱された．裁定価格理論は，裁定機会が市場に存在しない状況下で，証券の収益率がファクター・モデルにしたがうと仮定した場合の市場裁定均衡状態を表現した理論である．

裁定価格理論（APT）では，銘柄 i の収益率（リターン）R_i の変動は，いくつかの市場共通因子（ファクター）$f_k(k=1,\ldots,p)$ により（6.13）式によって表されるものと仮定する．

$$R_{i,t} = E[R_i] + \beta_{i1}f_{1,t} + \beta_{i2}f_{2,t} + \cdots + \beta_{ip}f_{p,t} + \varepsilon_{i,t} \tag{6.13}$$

$R_{i,t}$：t 月の i 銘柄のリターン，
$E[R_i]$：i 銘柄の期待リターン，
β_{ik}：銘柄 i のファクター k に対する因子付加量，

f_k : t 月の市場共通因子（ファクター）$(k = 1, \ldots, p)$,

$\varepsilon_{i,t}$: t 月の i 銘柄の固有因子.

ここで，わかりやすくするために，市場共通因子（ファクター）が 1 つの場合を考えると，ある月の銘柄 A, B の収益率（リターン）は，

$$R_A = E(R_A) + \beta_{A1} f_1, \quad R_B = E(R_B) + \beta_{B1} f_1 \tag{6.14}$$

と表現される.

いま，銘柄 A, B に $w : 1 - w$ の比率で投資したポートフォリオを考える．そのポートフォリオの収益率（リターン）を R_p とすれば，

$$\begin{aligned} R_p &= w R_A + (1 - w) R_B \\ &= w(E(R_A) + \beta_{A1} f_1) + (1 - w)(E(R_B) + \beta_{B1} f_1) \\ &= w(E(R_A) - E(R_B)) + E(R_B) + \{w(\beta_{A1} - \beta_{B1}) + \beta_{B1}\} f_1 \end{aligned} \tag{6.15}$$

である．

そこで，銘柄 A の投資比率 w を

$$w = -\frac{\beta_{B1}}{\beta_{A1} - \beta_{B1}} \tag{6.16}$$

とすると，ポートフォリオの収益率は，

$$\begin{aligned} R_p &= w R_A + (1 - w) R_B \\ &= -\frac{\beta_{B1}}{\beta_{A1} - \beta_{B1}} ((E(R_A) - E(R_B)) + E(R_B) \\ &= \frac{-\beta_{B1}(E(R_A) - E(R_B)) + (\beta_{A1} - \beta_{B1}) E(R_B)}{\beta_{A1} - \beta_{B1}} \\ &= \frac{\beta_{A1} E(R_B) - \beta_{B1} E(R_A)}{\beta_{A1} - \beta_{B1}} \end{aligned} \tag{6.17}$$

となる．このポートフォリオの収益率は，確率変数の市場共通要因 f_1 が消えているので，確定値である．安全資産が存在する市場では，この不確実性のない確定した収益率を生むポートフォリオの収益率は，安全利子率 R_f に等しくなければならない．そうでなければ，安全利子率 R_f で資金を借りることができれば，このポートフォリオを構築すれば安全利子率 R_f との差額の収益率 $R_p - R_f$ を得ることができる．

したがって，無裁定な状況では，

$$\frac{\beta_{A1}E(R_B) - \beta_{B1}E(R_A)}{\beta_{A1} - \beta_{B1}} = R_f \iff \frac{E(R_A) - R_f}{\beta_{A1}} = \frac{E(R_B) - R_f}{\beta_{B1}} \quad (6.18)$$

が成立する．(6.18) 式の右側の式の左辺は，銘柄 A の安全利子率 R_f に対する期待収益率の差額をその因子付加量で除したものであり，また，右辺は，銘柄 B の安全利子率 R_f に対する期待収益率の差額をその因子付加量で除したものであり，これらが等しいことを表している．この値は，第 1 市場共通要因 f_1 のリスクプレミアムを表している．リスクプレミアムは，因子負荷 1 単位当たりが要求する第 1 市場共通要因 f_1 のリスクの対価，リスクの市場価格とみなすことができ，(6.18) 式は，無裁定な状況では，リスクに関しても一物一価法則が成り立つことを表している．

このリスクプレミアムの値を λ_1 とおくと，銘柄 A の期待収益率 $E(R_A)$ に関して，

$$\frac{E(R_A) - R_f}{\beta_{A1}} = \lambda_1 \quad \therefore E(R_A) = R_f + \lambda_1 \beta_{A1} \quad (6.19)$$

が得られる．銘柄 B の期待収益率 $E(R_B)$ に関しても同様に，

$$E(R_B) = R_f + \lambda_1 \beta_{B1} \quad (6.20)$$

が得られる．裁定機会が存在しない市場においては，市場共通因子（ファクター）$f_k(k=1,\ldots,p)$ が複数あっても，市場共通因子（ファクター）の数よりも多くの 1 次独立した収益をもたらす資産が取引されている限りでは，(6.21) 式が成立する．

$$E(R_i) = R_f + \lambda_1 \beta_{i1} + \lambda_2 \beta_{i2} + \cdots + \lambda_p \beta_{ip} \quad (6.21)$$

この式の導出における数学的な証明に関しては池田 (2000) を参考にされたい．

つまり，裁定価格理論は，裁定機会が市場に存在しない状況下で，資産 i の収益率 R_{it} がファクターモデルにしたがうと仮定した場合の無裁定状態を表現した理論である．

しかし，これらのモデルは伝統的なファイナンスの分野で CAPM に変わる中心的な存在とまでにはならなかった．ICAPM や APT は，共に，モデルのフレームワークの提示にとどまり，実際にモデルに用いたファクターの特定までには，至らなかったからである．そして，実際にリターンを説明するモデルとし

て広く用いられるようになったのは，Fama and French（1993）で考案された（6.22）式のモデルの登場が待たれる状況となった．（6.22）式の SMB（Small Minus Big）は，株式時価総額の規模に関するファクターであり，HML（High Minus Low）は，純資産時価総額比率（Book to Market Ratio; BE/ME）に関する株価の割安性をみるファクターである．株価の割安性を判断する際によく用いられる株価純資産倍率（Price to Book Ratio; PBR）の逆数と類似した指標であることから，本書では B/P ファクターとして表す．SML と HML の具体的な算出方法は，6.3 節で触れる．

$$R_{i,t} - r_{f,t} = \beta_i^0 + \beta_i^{\mathrm{MKT}}(R_{m,t} - r_{f,t}) + \beta_i^{\mathrm{SMB}} SMB_t + \beta_i^{\mathrm{HML}} HML_t + \varepsilon_{i,t} \tag{6.22}$$

$R_{i,t}$：t 月の i 銘柄，もしくは，ポートフォリオのリターン，

$R_{m,t}$：t 月の市場リターン，

$r_{f,t}$：t 月のリスクフリーレート，

β_i^0：i 銘柄，もしくは，ポートフォリオの切片項，

β_i^{MKT}：i 銘柄，もしくは，ポートフォリオの市場リスクプレミアムに対する回帰係数，

β_i^{SMB}：i 銘柄，もしくは，ポートフォリオの規模ファクターに対する回帰係数，

β_i^{HML}：i 銘柄，もしくは，ポートフォリオの B/P ファクターに対する回帰係数，

$\varepsilon_{i,t}$：t 月の i 銘柄，もしくは，ポートフォリオの誤差項．

久保田・竹原（2007）は日本市場において CAPM よりも，同モデルの方が株式収益率（リターン）に対する説明力が高いことを示した．久保田・竹原（2007）は同モデルを Fama–French 3 ファクターモデルと表記し，以後，日本市場における研究では，同モデルは Fama–French 3 ファクターモデルと表されるに至った．

Fama–French 3 ファクターモデルに対しても批判はみられる．それは，規模と B/P を用いたモデルはリターンの変動に対して説明力が高いが，しかしながら，市場ベータとは違い，批判の1つ目にこれらのファクターを用いる経済的

な根拠が明確ではないというものである．単に，リターンの変動の説明力を高めるために，用いられているものにすぎないというのである．この批判に対して，Fama and French は，これら 2 つのファクターは，信用リスクとの関係があることを指摘した．また，批判の 2 つ目は，規模と B/P は相関が少なからずあることである．

こうした状況であるが，Carhart（1997）はリターンのモメンタムに関するファクターが，米国の株式市場のリターンに有意な影響を与えるものとして，(6.22) 式にさらにモメンタムに関するファクターの MOM を加えた (6.23) 式の 4 ファクターモデルを考案した．

$$R_{i,t} - r_{f,t} = \beta_i^0 + \beta_i^{\mathrm{MKT}}(R_{m,t} - r_{f,t}) + \beta_i^{\mathrm{SMB}} SMB_t \\ + \beta_i^{\mathrm{HML}} HML_t + \beta_i^{\mathrm{MOM}} MOM_t + \varepsilon_{i,t} \quad (6.23)$$

$R_{i,t}$：t 月の i 銘柄，もしくは，ポートフォリオのリターン，
$R_{m,t}$：t 月の市場リターン，
$r_{f,t}$：t 月のリスクフリーレート，
β_i^0：i 銘柄，もしくは，ポートフォリオの切片項，
β_i^{MKT}：i 銘柄，もしくは，ポートフォリオの市場リスクプレミアムに対する回帰係数，
β_i^{SMB}：i 銘柄，もしくは，ポートフォリオの規模ファクターに対する回帰係数，
β_i^{HML}：i 銘柄，もしくは，ポートフォリオの B/P ファクターに対する回帰係数，
β_i^{MOM}：i 銘柄，もしくは，ポートフォリオのモメンタムファクターに対する回帰係数，
$\varepsilon_{i,t}$：t 月の i 銘柄，もしくは，ポートフォリオの誤差項．

モメンタムファクターに関して研究の発展がみられたのは，Jegadeesh and Titman（1993）以降である．Jegadeesh and Titman（1993）は NYSE, AMEX 市場において，1965 年から 1989 年までの期間にモメンタム現象が観察されることを示した．Carhart（1997）は，このモメンタムファクターを，実際のファクターモデルの形で提示したのである．Carhart 論文では，この MOM は月次

で前月末までの過去12カ月リターンを基準に銘柄グループを決めて，月次サイクルで各グループの平均リターンを計測してファクターを計測している．

リターンモメンタムファクター（MOM）の算出方法は，次の通りである．

1) 前月末時点の過去12カ月リターン（ただし，直近1カ月を含めない．したがって，実際は前々月末までの過去11カ月リターンとなる．）を基準に30%点と70%点でユニバースを3分位し，表6.1に示す3分位ポートフォリオを構築する．

2) 各分位ポートフォリオについて，前月末時点の時価総額加重平均ベースで当月のリターンを算出する．

3) 表6.1の下式に示すように，MOMは第3分位と第1分位ポートフォリオリターン間のスプレッドリターンとして算出する．

表 6.1 MOM ファクター算出方法

0%	30%	70%	100%
1	2	3	
小	中	大	
リターンモメンタム			

MOM = 3 − 1

また Carhart 4 ファクターモデルに関連した検証論文では MOM ファクターの代替として UMD（Up Minus Down）ファクターが用いられるケースも散見される．UMD（Up Minus Down）の算出方法を次に示す．

1) まず，リターンモメンタムは個別銘柄の過去12カ月のうち足元の1カ月を除いた11カ月間の累積リターンをベースに算出する（1カ月スキップの11カ月リターン）．算出のイメージを図6.7に示した．これは，中期的な過去1年でリターンモメンタムを捉えるためであるが，短期的な過去1カ月はリターンリバーサルが強いため，その影響を除いた方がモメンタムファクターとして妥当と捉えているからである．

2) そして，図6.7に示すように1カ月スキップの11カ月リターンを使って，UMD ファクターを算出する．まず，毎月末時点のリターンモメンタムを基準に30%点と70%点でユニバースを3分位，時価総額を基準に中央値でユニバースを2分位し，3×2 = 6分位の分位ポートフォリオを構築する．そして，各分位ポートフォリオについて，時価総額加重平均

ベースで毎月のリターンを算出する．表 6.2 の下式に示すように，各分位ポートフォリオリターンのスプレッドリターンの平均として UMD ファクターを算出する．したがって，UMD ファクターは，リターンの上昇が大きかった銘柄によるポートフォリオリターンと，リターンの上昇が小さかった銘柄によるポートフォリオリターンとの差として算出される．

なお，特にモメンタムファクターに関して，UMD の他，WML（Winner Minus Loser）や LMW（Loser Minus Winner）などいろいろ名称があり，論文で名称が異なるので，注意が必要である．

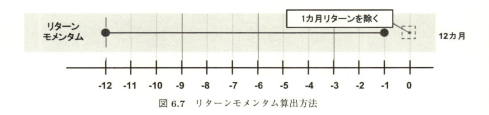

図 6.7　リターンモメンタム算出方法

表 6.2　UMD ファクター算出方法

UMD = [(3+6)−(1+4)] ÷ 2

さらに，Pastor and Stambaugh（2003）は市場流動性に関するファクターを加えた 5 ファクターモデルを考案した．

$$R_{i,t} - r_{f,t} = \beta_i^0 + \beta_i^{\mathrm{MKT}}(R_{m,t} - r_{f,t}) + \beta_i^{\mathrm{SMB}} SMB_t \\ + \beta_i^{\mathrm{HML}} HML_t + \beta_i^{\mathrm{MOM}} MOM_t + \beta_i^{\mathrm{LIQ}} LIQ_t + \varepsilon_{i,t} \tag{6.24}$$

$R_{i,t}$：t 月の i 銘柄，もしくは，ポートフォリオのリターン，
$R_{m,t}$：t 月の市場リターン，
$r_{f,t}$：t 月のリスクフリーレート，
β_i^0：i 銘柄，もしくは，ポートフォリオの切片項，

β_i^{MKT} : i 銘柄,もしくは,ポートフォリオの市場リスクプレミアムに対する回帰係数,

β_i^{SMB} : i 銘柄,もしくは,ポートフォリオの規模ファクターに対する回帰係数,

β_i^{HML} : i 銘柄,もしくは,ポートフォリオの B/P ファクターに対する回帰係数,

β_i^{MOM} : i 銘柄,もしくは,ポートフォリオのモメンタムファクターに対する回帰係数,

β_i^{LIQ} : i 銘柄,もしくは,ポートフォリオの流動性ファクターに対する回帰係数,

$\varepsilon_{i,t}$: t 月の i 銘柄,もしくは,ポートフォリオの誤差項.

Pastor and Stambaugh(2003)の流動性指標(以下,PS 流動性指標)の算出方法は,次の通りである.

PS 流動性指標は,個別銘柄ごとの流動性尺度 γ_i として算出される.具体的には,過去 1 カ月間で翌日の日次リターンを被説明変数,当日の日次リターンと売買代金を説明変数として,各銘柄ごとに(6.25)式の時系列回帰分析を行う.売買代金の回帰係数 $\gamma_{i,t}$ が PS 流動性指標である.

$$R_{i,d+1,t} - R_{m,d+1,t} = \alpha_{i,t} + \beta_{i,t} R_{i,d,t} \\ + \gamma_{i,t} \mathrm{sign}(R_{i,d,t} - R_{m,d,t}) v_{i,d,t} + \varepsilon_{i,d+1,t} \tag{6.25}$$

$R_{i,d,t}$: t 月の i 銘柄の d 日のリターン,

$R_{m,d,t}$: t 月の市場の d 日のリターン,

$v_{i,d,t}$: t 月の i 銘柄の d 日の売買代金,

$\alpha_{i,t}$: t 月の i 銘柄の切片項,

$\beta_{i,t}$: t 月の i 銘柄 d 日のリターンに対する回帰係数,

$\gamma_{i,t}$: t 月の i 銘柄の売買代金に対する回帰係数,

$\varepsilon_{i,d,t}$: t 月の i 銘柄の d 日の誤差項,

$d = 1, \ldots, D$ (D は月間営業日数).

なお,(6.25)式の sign( ) は符号関数であり,対マーケット超過リターンの方向を意味している.

6.2 Fama–French 3 ファクターモデル

PS 流動性指標は，前日の取引の結果が翌日の株価に与える影響を測定する指標である．第 i 銘柄の流動性が十分に大きいとき，前日の売買代金は翌日のリターンに影響しないで，回帰係数 γ_i はゼロとなる．しかし，流動性が十分大きくないときには，前日の取引による株価の上昇（下落）は翌日の株価の下落（上昇）に繋がるとみられる．

つまり，リターンリバーサルが起こると考えられる．そして Pastor and Stambaugh (2003) は，この日次ベースの短期リバーサルは流動性と関連することを前提として，流動性が小さいと回帰係数はマイナスに大きくなる一方，流動性が大きいと回帰係数はマイナスに小さくなる．

さらに Pastor and Stambaugh (2003) は，個別銘柄の流動性指標の単純平均として市場流動性を定義し，市場流動性の時系列回帰の残差として「市場流動性リスクファクター」を推定した．この市場流動性ファクターを CAPM, Fama–French 3 ファクター，Carhart 4 ファクターモデルに加えて，リスクファクターとしての市場流動性と株式リターンの関係を分析している．また竹原 (2008) は，1977 年 1 月から 2006 年 12 月の長期の検証を行い，Pastor and Stambaugh (2003) の流動性指標がプレミアムを持つリスクとの見方に否定的な報告をしている．これら 2 論文間の違いとしては，モメンタムファクターの取り扱いである．Pastor and Stambaugh (2003) のモメンタムファクターは，Carhart (1997) の MOM ファクターにしたがっているため，規模による分位分けを行うことなくモメンタムからリバーサルを差し引いたスプレッドとしている．一方，竹原 (2008) では規模による分位分けも行う UMD ファクターを逆転させた LMW (Loser Minus Winner) ファクターを用いている．逆転させている理由としては，米国市場と異なり日本市場では長らくリバーサルが効いていたためである．

Pastor and Stambaugh の 5 ファクターモデルの説明変数のファクター MKT, SMB, HML は，Fama–French の 3 ファクターモデルにて示されたファクター，MOM および LMW (UMD を反転させたもの) は，Carhart の 4 ファクターモデルおよびその周辺論文にて提示されているファクターであるため詳細は，既に述べた．

残りの LIQ ファクターの算出に関しては，以下のようにして算出を行う．

(6.25) 式の時系列回帰分析から得られた $\hat{\gamma}_{i,t}$ に関して,クロスセクションに単純平均をとり,ユニバース全体における市場流動性指標 $\hat{\gamma}_t$ を計算する.

$$\hat{\gamma}_t = \frac{1}{N_t} \sum_{i=1}^{N_t} \hat{\gamma}_{i,t} \tag{6.26}$$

$\hat{\gamma}_t$: t 月におけるユニバース全体の市場流動性,

N_t : t 月における該当ユニバースの銘柄数,

$\hat{\gamma}_{i,t}$: t 月における銘柄 i の市場流動性.

次に,Pastor and Stambaugh(2003)は,既に述べた市場流動性からイノベーション,すなわち予想不能であった部分の抽出を行っている.具体的には,データ開始時点のユニバース全体の時価総額を mv_1,t 月におけるユニバース全体の時価総額を mv_t とし,ユニバース全体の成長を調整した流動性対前月変化 $\Delta\hat{\gamma}_t$ を

$$\Delta\hat{\gamma}_t = \frac{mv_t}{mv_1} \frac{1}{N_t} \sum_{i=1}^{N_t} (\hat{\gamma}_{i,t} - \hat{\gamma}_{i,t-1}) \tag{6.27}$$

mv_1 : データ開始時点におけるユニバース全体の時価総額,

mv_t : t 月におけるユニバース全体の時価総額,

として定義する.この流動性対前月変化 $\Delta\hat{\gamma}_t$ を用いて,以下の時系列回帰を行う.

$$\Delta\hat{\gamma}_t = \beta_0 + \beta_1 \Delta\hat{\gamma}_{t-1} + \beta_2 \frac{mv_{t-1}}{mv_1} \Delta\hat{\gamma}_{t-1} + \varepsilon_t \tag{6.28}$$

β_0 : 切片項,

β_1, β_2 : 回帰係数,

ε_t : 残差項 ($= L_t$: 流動性イノベーション).

なお,上記の時系列回帰において発生する回帰残差項 ε_t は,流動性イノベーションと呼ばれ,Pastor and Stambaugh(2003)では L_t として定義されている.

最後に,流動性イノベーションより LIQ ファクターを算出する.竹原(2008)では,流動性イノベーション L_t に関して,個別銘柄の月次リターンと付き合わせ,36 カ月移動平均ベータを算出し,規模と掛け合わせた分位ポートフォリオのスプレッドリターンを用いることで LIQ ファクターを算出している.

6.2 Fama–French 3ファクターモデル

分位ポートフォリオの構築では，各月末時点における時価総額および36カ月移動平均ベータに関して，独立して2×3分位（計6個の）に振り分ける．具体的には，各時点において時価総額の中央値を上回る銘柄群を大型，下回る銘柄群を小型，36カ月移動平均ベータの70%点を上回る銘柄を高流動性ベータ，30%点から70%点に該当する銘柄を中間領域，30%点を下回る銘柄を低流動性ベータとする．

表6.3に示すように6つの分位ポートフォリオに関しては，時価加重月次リターンを算出したうえで，高流動性ベータに属する2つのポートフォリオ（大型 × 高流動性ベータ，小型 × 高流動性ベータ）の単純平均リターンから低流動性ベータに属する2つのポートフォリオ（大型 × 低流動性ベータ，小型 × 低流動性ベータ）の単純平均リターンを指し引いたものをLIQファクターとする．

表 6.3 LIQ ファクター算出方法

時価総額	0%	30%	70%	100%
大	4	5	6	50%
小	1	2	3	0%
	低	中	高	

流動性イノベーションLtに対する36か月移動平均ベータ

Amihud（2002）は以下で説明する非流動性（illiquidity）指標を用いて，株式の期待リターンの要因の一つに非流動性プレミアム（illiquidity premium）があげられることを示した．具体的には，売買金額当たりのリターンの月中平均値であり，第i銘柄の第t月の非流動性指標は，(6.31)式で定義される．

流動性が低い銘柄ほど，取引量が小さくても価格変化は大きくなるため，$ILLIQ_{i,t}$の値も大きくなる．

$$ILLIQ_{i,t} = \frac{1}{D_{i,t}} \sum_{d=1}^{D_{i,t}} \frac{|R_{i,d,t}|}{Value_{i,d,t}} \quad (6.29)$$

$ILLIQ_{i,t}$：i銘柄のt月の非流動性指標，
$R_{i,d,t}$：i銘柄のt月の第d営業日の株式リターン，
$Value_{i,d,t}$：i銘柄のt月の第d営業日の売買代金，
$D_{i,t}$：i銘柄のt月の営業日数．

米国の実証分析におけるアノマリーの検証には，近年 Carhart（1997）の 4 ファクターモデルや，Pastor and Stambaugh（2003）の 5 ファクターモデルが用いられていた．

しかし，依然としてわが国では Fama and French（1993）で提示されたモデルをベースとした議論が中心となっている．これはわが国の株式市場において，Carhart（1997）で考案された 4 ファクターモデルや Pastor and Stambaugh（2003）の 5 ファクターモデルが，Fama–French 3 ファクターモデルと比べてリターンの変動に有意な差がみられないとの報告があるからである．竹原（2008）は，1977 年から 2006 年までの期間を対象に，東証上場企業をユニバースとして，Fama and French（1993）で考案された 3 ファクターモデル，Carhart（1997）で考案された 4 ファクターモデルと，Pastor and Stambaugh（2003）の 5 ファクターモデルのモデルの説明力の比較を行った．その結果，Fama and French（1993）で考案された 3 ファクターモデルと有意な差が確認されなかったと報告した．

したがって，わが国では，実証ファイナンスの検証モデルとして，Fama and French（1993）の 3 ファクターモデルが一般的となっている．

6.3 アノマリーに関する検証

これまで，株式市場に関する様々なアノマリー（anomaly）の存在が検証されてきた．アノマリーとは，現代ポートフォリオ理論などの枠組みで説明の難しい市場の変則性のことを示すものである．以前は，小型株が大型株に比べてパフォーマンスが良好となる小型株効果や，低 PBR（高 B/P）効果があげられていた．これらは，CAPM で説明されないリターンの源泉となっていたからだ．

しかし，Fama and French（1993）で，Fama–French 3 ファクターモデルが提唱されてから，これらの従来のアノマリーは，小型株リスクや B/P リスクに対するリターンであるリスクプレミアムとして捉えられるようになった．

その一方で，新たなアノマリーの存在が近年は注目されている．例えば，アクルアルズアノマリー（利益の質が優れている企業の事後のリターンが高い）やアセットグロースアノマリー（資産の増大が小さい企業の事後のリターンが

6.3 アノマリーに関する検証

高い）などである．

学術界や運用業界では，これらのアノマリーの検証が行われている．そして，検証には様々な方法が用いられている．本節では，Fama–French 3 ファクターモデルを使った検証方法を紹介する．分析の流れは次のようである．

第一に，分析対象とするユニバース（例えば，日本では東証一部市場が用いられる．米国では NYSE，AMEX，NASDAQ である）において，分析を行うアノマリーの代理変数を基準に，銘柄数ベースで 5 分位する（10 分位などのケースもある）．分析サイクルは基本的に（6.22）式に用いられるリターンが月次ベースであることから，月次で 5 分位のリバランスが行われる．ただ，企業の会計データなどは，本決算情報の更新とともに SMB と HML のリバランスに対応して，年 1 回とするケースで検証される．こうしたリバランスサイクルは更新されるデータに対応する必要がある．

第二に，月次，あるいは，年次ベースのリバランスで 5 分位された情報に関して，それぞれ 5 つのポートフォリオの月次リターンを時系列で求める．ポートフォリオは時価総額加重ベースが一般的である（ただし，時価総額ベースでリターンを算出すると，アノマリーの存在が否定されやすいという研究があるため，等金額投資，すなわちポートフォリオ構成銘柄の単純平均を用いるケースもある（Fama, 1998））．

第三に，第二段階で算出した，5 つのポートフォリオのリターンに加えて，第 5 分位と第 1 分位のスプレッドリターンの合計 6 個のリターン系列を（6.22）式の左辺の被説明変数としてヒストリカル回帰分析を行う．

最後に，6 個の回帰分析における切片，すなわち（6.22）式における β_i^0 を観察して，考察を行う．まず，第 5 分位と第 1 分位のスプレッドリターンを対象とした時系列回帰分析の β_i^0 が，有意に 0 から離れていることが，アノマリーの存在の必要条件となる（アノマリーが存在するなら，帰無仮説が棄却できる．しかし，十分条件とはならない）．すなわち，Fama–French 3 ファクターでコントロールした後にアノマリーの代理変数によるリターンの有意な存在が捉えられるというものである．

そして，第 5 分位と第 1 分位までの 5 つのリターン系列も被説明変数として，同様の回帰分析を行う．基本的に (1) 第 5 分位のリターンの切片：β_i^0 が 0 から

正（負）方向に有意であったら，ポジティブ（ネガティブ）アノマリーであり，(2) 第1分位のリターンの切片：β_i^0 が0から負（正）方向に有意であったら，ポジティブ（ネガティブ）アノマリーとなる．そして，(3) 分位のリターンが上位から下位にかけて，降順（昇順）となっているかも確認する．

ところで，(6.22) 式の計算に関しては，実証ファイナンスの検証では厳密なルールが用いられる．

株式市場全体の動きを示す市場リターン (R_m) からリスクフリーレート (R_f) を引いたマーケットファクター（MKT），企業規模要因として時価総額を基準に求めた規模ファクター（SMB：Small Minus Big），割安性要因として 自己資本÷時価総額 を基準とした割安性ファクター（HML：High Minus Low）である．SMB，HML の算出は，年次ベースで毎年6月末時点の時価総額と 自己資本÷時価総額 を基準に銘柄グループを決めて，月次サイクルでそれぞれのグループの平均リターンを計測してファクターを算出する．

米国市場を分析対象とした場合，マーケットファクター（MKT），規模ファクター（SMB）と割安性ファクター（HML）の算出は次のようである．

1) MKT は，市場リターンである NYSE，AMEX，NASDAQ をユニバースとする時価総額加重平均リターンから，リスクフリーレートである1カ月 T–bill 金利を引いた超過リターンである．

2) 毎年6月末時点の B/P を基準に，30%点と70%点でユニバースを3分位，時価総額を基準に中央値でユニバースを2分位し，3×2＝6分位の分位ポートフォリオを構築する．なお，ここでの分位点は，NYSE のみを使っている．

3) 各分位ポートフォリオについて，前年6月末時点の時価総額加重平均ベースで前年7月から当年6月までの1年間の月次リターンを算出する．

4) Fama–French（1993）をもとに表（6.4）に示すように，SMB，HML は各分位ポートフォリオリターンのスプレッドリターンの平均として算出する．

このような計算は複雑なので，Kenneth R. French のウェブサイトには Data Library があり，ダウンロードが可能となっている．

一方，わが国では久保田・竹原（2007）がベースに算出される．ただ，分析

表 6.4 SMB と HML ファクター算出方法

		0%	30%	70%	100%
時価総額	大		4	5	6	50%
	小		1	2	3	0%
		小	中	大	
		自己資本÷時価総額			

対象が東証一部とされるケースや，銀行，証券，保険とその他金融を除く（以後「除く金融」と表す）ケースなどが多いため，データの算出方法は確立されていない．ここでは，例えば次のルールを紹介する．

基本的には，(1) ポートフォリオのリバランスは8月末を基準とすること，(2) ユニバースは東証一部（銀行，証券，保険とその他金融を除く，以後「除く金融」と表す）として，分位点の決定とリターン算出も同一とする．

1) MKT は，東証一部上場銘柄の時価総額加重平均リターン − 有担保コール翌月物の月中平均値で算出した．
2) 前年8月末時点の 自己資本 ÷ 時価総額 を基準に30%点と70%点でユニバース（東証一部）を3分位，時価総額を基準に中央値でユニバースを2分位し，3 × 2 = 6分位の分位ポートフォリオを構築する．
3) 各分位ポートフォリオについて，前年8月末時点の時価総額加重平均ベースで前年9月から当年8月末までの1年間のリターンを算出する．
4) SMB，HML は各分位ポートフォリオリターンのスプレッドリターンの平均として算出する．

6.3.1　Fama–MacBeth 法

前節では，Fama–French 3 ファクターモデルを用いた，アノマリーに関する検証方法の概要を示した．

回帰分析を用いるアノマリーの検証には，この Fama–French 3 ファクターモデルを用いる方法のほかに，Fama–MacBeth（1973）の2段階回帰方法なども用いられることがある．

Fama and MacBeth（1973）をよりシンプルに捉えて，広く一般的にアノマリーの検証として用いられる方法を紹介する．

例えば，東証一部企業を分析ユニバースの対象としたアノマリーの検証を想定する．まずは，アノマリーの代理変数を算出する．この変数をファクターと

呼ぶ．ファクターが月次サイクルで計算できるものであれば，対応するリターンも月次で取得する．そして，(6.30) 式の東証一部のクロスセクション型の回帰モデルを考える．

$$R_{i,t} = \gamma_t^0 + \gamma_t^1 F_i + \gamma_t^2 \beta_i + \gamma_t^3 \ln(B/P)_i + \gamma_t^4 \ln(ME)_i + \varepsilon_{i,t} \quad (6.30)$$

$R_{i,t}$: t 月の i 銘柄のリターン，
F_i : $t-1$ 月末の i 銘柄のファクター，
β_i : $t-1$ 月末の i 銘柄の市場ベータ，
$\ln(B/P)_i$: $t-1$ 月末の i 銘柄の自然対数 B/P,
$\ln(ME)_i$: $t-1$ 月末の i 銘柄の自然対数時価総額（Market Equity），
$\gamma_t^0, \gamma_t^1, \gamma_t^2, \gamma_t^3, \gamma_t^4$: t 月の回帰係数，
$\varepsilon_{i,t}$: t 月の i 銘柄の誤差項．

ここで，γ_t^1 が有意に正（負）であれば，当月のファクターが翌月のリターンに対して，正（負）方向に影響を与える要因になっていると解釈できる．

(6.30) 式は，ファクター以外に，市場ベータ，自然対数 B/P と自然対数時価総額を用いた重回帰モデルとなっている．これは，Fama–French の 3 ファクターモデルにおいて，リターンを説明する要因とされているものである．したがって，これらの 3 変数をコントロールして，ファクターがリターンに有意に影響を与えているかということを確認することができる．

ところで，(6.30) 式の回帰分析はクロスセクションで行われるため，検証期間を通じて対象となる月数分の回帰分析が行われる．このため，γ_t^1 は時系列の月数分のサンプルが求められる．

そこで，Fama–MacBeth 型の検証の次のステップは次のようである．γ_t^1 のサンプルから分布を考えて，その分布の平均が 0 から有意に離れているかの検定を行う．そして，0 から正（負）に有意であれば，当月のファクターが翌月のリターンに対して，正（負）方向に影響を与える要因になっていると解釈する．

ここで，注意点としては，以下のような点があげられる．

まず，(1) (6.30) 式のクロスセクション回帰の γ_t^1 の t 検定をするものではないことだ．γ_t^1 の時系列の月数分の分布で検定を行っているのである．

したがって，(2) (6.30) 式のクロスセクション回帰分析において，不均一分

散の問題が生じているため，解決する必要がある．

そして，(3) (6.30) 式のクロスセクション回帰分析を行う際に，データは月次サイクルで取得しても，リターンを年度とするケースもある．この場合には，データにオーバーラップが発生するため，「γ_1 の分布の平均が 0 から有意に離れているかの検定」には，Newey–West の補正（Newey and West, 1987）が必要となる．

6.3.2 Fama–MacBeth の単純化

前項では，Fama and MacBeth（1973）をシンプルに捉えた検証方法を示した．本項では，より単純化した検証方法を示す．前項の Fama–MacBeth を応用したシンプルな検証方法は，(1) 第一段階でクロスセクション型の回帰分析を行った後に，(2) 第二段階では，回帰係数のサンプルを時系列方向で集計して，値が 0 から有意に離れているかを検証するものである．

こうした 2 段階のデータの処理が必要となる理由は，クロスセクションのデータを時系列に扱っているからである．したがって，プールドデータとして扱えば，2 段階のステップを行わずにシンプルな分析が可能となる．本項ではこうした検証を紹介する．日本の市場に対する実証分析として，井上・野間（2007）などがある．

具体的な検証方法は次のようである．まず，(6.31) 式の右辺に示される変数に関して，対応するリターンを左辺の変数として設定する．例えば，分析サイクルが年次であれば，年次で設定された説明変数のデータに対して，それぞれに対応する翌年のリターンを被説明変数とする．

$$R_{i,t} = \gamma_0 + \gamma_1 F_i + \gamma_2 \beta_i + \gamma_3 \ln(B/P)_i + \gamma_4 \ln(ME)_i \\ + \sum \gamma_j \delta_j + \varepsilon_{i,t} \tag{6.31}$$

$R_{i,t}$: t 年の i 銘柄のリターン，
F : $t-1$ 年末の i 銘柄のファクター，
β : $t-1$ 年末の i 銘柄の市場ベータ（ヒストリカル市場ベータ），
$\ln(B/P)$: $t-1$ 年末の i 銘柄の自然対数 B/P,
$\ln(ME)$: $t-1$ 年末の i 銘柄の自然対数時価総額，

γ_0：切片項，

$\gamma_1, \gamma_2, \gamma_3, \gamma_4, \gamma_j$ $(j = 1, \ldots, n.\ n$ は年度数) ：回帰係数，

$\delta_{i,t}$：i 銘柄の年度ダミー，

$\varepsilon_{i,t}$：t 年の i 銘柄の誤差項ファクター．

(6.31) 式の回帰モデルを用いると，ファクターがリターンに対して，有意に影響を与えていることを検証するには，シンプルに γ_1 が有意に 0 から正（負）に離れているかを検定すればよい．

ただ，注意すべき点もある．(6.31) 式において，例えば東証一部上場企業を対象に分析を行う場合に，誤差項の実現値とされる残差の不均一分散 (heteroscedasticity) を修正することが一般的である．実際には White の標準誤差修正 (White, 1980) を行った後の t 値が用いられる．

(6.31) 式については，左辺である被説明変数はリターンではなく，インプライド資本コストに置き換えられるケースもある．さらに，一般化して，左辺に財務パフォーマンス（例えば，ROE）とする一方，右辺には分析者が仮説として設定した財務パフォーマンスの決定要因を置くケースもある．

6.3.3 Core, Guay and Verdi のアノマリーに関する検証方法

Fama and MacBeth (1973) の 2 段階回帰分析を用いた検証方法は，一般化されて様々なアノマリーの存在に関する検証方法に拡張されている．本項では，Core, Guay and Verdi (2008) が用いた手法を紹介する．Core, Guay and Verdi (2008) は，アクルアルズクオリティはリスクファクターか？（Is Accruals Quality a Priced Risk Factor?）という論題で検証を行った．

分析に用いられたアクルアルズクオリティ（AQ）は会計情報の質の代理変数である．実際には個別銘柄のアクルアルズをベースとした情報の過去 5 年間の標準偏差を用いている（会計年度ごとにアクルアルズが求められるため，5 個のサンプルの標準偏差である）．

Core, Guay and Verdi (2008) は，アクルアルズクオリティがリスクプレミアムの源泉となる情報であるかを検証するため，次のような検証手順をとった．

まず，アクルアルズクオリティファクターの算出を行う．分析ユニバースを対象に，毎月末にアクルアルズクオリティを基準に等銘柄となるように 5 分位

6.3 アノマリーに関する検証

する．そして，それぞれの分位に所属する銘柄の等ウエイトポートフォリオを構築して，翌月のリターンを求める．このため 5 分位のそれぞれのポートフォリオのリターンが月次リバランスで算出される．

次に，上位の第 5 分位と第 4 分位のリターンの単純平均から，下位の第 1 分位と第 2 分位のリターンの単純平均を減じた値を，アクルアルズクオリティファクターと呼ぶ．ここで，上位と下位の 2 分位ずつ平均を減じた理由は，頑健なアクルアルズファクターを求めるためである．

次に，既に述べた SMB と HML の算出ルールで求めた，SMB と HML の月次リターンと，$R_{i,t} - r_{f,t}$ を用いて，分析対象期間で時系列方向に (6.32) 式の右辺の回帰モデルの説明変数とする．

$$R_{i,t} - r_{f,t} = \beta_i^0 + \beta_i^{\mathrm{MKT}}(R_{m,t} - r_{f,t}) + \beta_i^{\mathrm{SMB}} SMB_t \\ + \beta_i^{\mathrm{HML}} HML_t + \beta_i^{\mathrm{AQ}} AQ_t + \varepsilon_{i,t} \quad (6.32)$$

$R_{i,t}$：t 月の i ポートフォリオのリターン，
$R_{m,t}$：t 月の市場リターン，
$r_{f,t}$：t 月のリスクフリーレート，
β_i^0：i ポートフォリオの切片項，
β_i^{MKT}：i ポートフォリオの市場リスクプレミアムに対する回帰係数，
β_i^{SMB}：i ポートフォリオの規模ファクターに対する回帰係数，
β_i^{HML}：i ポートフォリオの B/P ファクターに対する回帰係数，
β_i^{AQ}：i ポートフォリオの AQ ファクターに対する回帰係数，
$\varepsilon_{i,t}$：t 月の i ポートフォリオの誤差項．

一方，左辺の被説明変数は 25 個のポートフォリオを作成する．具体的な作り方は，毎年 6 月に時価総額（規模の代理変数）と B/P でそれぞれ独立に 5 分位して作成した 25（5 × 5）個の時価総額加重ポートフォリオの月次リターンとする．したがって，被説明変数の個数である 25 個の回帰分析が行われることから，25 個の回帰係数が求められる．

次に，(6.33) 式の 2 段階目の回帰分析が行われる．2 段階目の回帰分析は 25 個のポートフォリオのクロスセクション型の回帰分析を行う．ここでは，左辺は 25 個のポートフォリオの「対リスクフリーレート超過リターンの月次期間

平均とする.

$$\overline{R_i - r_f} = \lambda_0 + \lambda_1 \beta_i^{\mathrm{MKT}} + \lambda_2 \beta_i^{\mathrm{SMB}} + \lambda_3 \beta_i^{\mathrm{HML}} + \lambda_4 \beta_i^{\mathrm{AQ}} + \tau_i \qquad (6.33)$$

$\overline{R_i - r_f}$：i ポートフォリオのリターン － リスクフリーレートの期間平均,
λ_0：切片項,
β_i^{MKT}：i ポートフォリオの市場リスクプレミアムに対する回帰係数,
β_i^{SMB}：i ポートフォリオの規模ファクターに対する回帰係数,
β_i^{HML}：i ポートフォリオの B/P ファクターに対する回帰係数,
β_i^{AQ}：i ポートフォリオの AQ ファクターに対する回帰係数,
$\lambda_0, \lambda_1, \lambda_2, \lambda_3, \lambda_4$：回帰係数,
τ_i：i ポートフォリオの誤差項.

その一方,右辺の第一段階である (6.32) 式における時系列型回帰分析の係数のうち切片である β_i^0 を除いたものが,(6.33) 式の第二段階のクロスセクション型回帰分析の説明変数となる.ここで $\lambda_i (i=1,2,3,4)$ はそれぞれのファクターに対するリスクプレミアムを示すものである.したがって,これらの回帰係数が有意にプラス方向に 0 から離れていれば,正方向のリスクプレミアムの存在の可能性が示されるものだ.

Core, Guay and Verdi (2008) による,実際の検証結果では回帰係数が有意に 0 から離れていないという結果を示して,アクルアルズクオリティのリスクファクターとしての存在への疑問を示したものである.

6.4　Fama–French 5 ファクターモデル

6.1 節で述べたように Fama and French (1993) で考案された (Fama–French 3 ファクターモデル) は,アノマリーの検証などで広く用いられてきた.そして,2015 年に Fama and French が 5 ファクターモデルを公表した (Fama and French (2015, 以後「FF5 論文」と表す)).同モデルは,Fama–French 3 ファクターモデルに,新たに RMW (Robust Minus Weak) と CMA (Conservative Minus Aggressive) のファクターが加わったものであり,(6.34) 式で示されるものである.

6.4 Fama–French 5 ファクターモデル

$$R_{i,t} - r_{f,t} = \beta_i^0 + \beta_i^{\mathrm{MKT}}(R_{m,t} - r_{f,t}) + \beta_i^{\mathrm{SMB}} SMB_t \\ + \beta_i^{\mathrm{HML}} HML_t + \beta_i^{\mathrm{RMW}} RMW_t + \beta_i^{\mathrm{CMA}} CMA_t + \varepsilon_{i,t} \quad (6.34)$$

$R_{i,t}$: t 月の i 銘柄，もしくは，ポートフォリオのリターン，

$R_{m,t}$: t 月の市場リターン，

$r_{f,t}$: t 月のリスクフリーレート，

β_i^0 : i 銘柄，もしくは，ポートフォリオの切片項，

β_i^{MKT} : i 銘柄，もしくは，ポートフォリオの市場リスクプレミアムに対する回帰係数，

β_i^{SMB} : i 銘柄，もしくは，ポートフォリオの規模ファクターに対する回帰係数，

β_i^{HML} : i 銘柄，もしくは，ポートフォリオの B/P ファクターに対する回帰係数，

β_i^{RMW} : i 銘柄，もしくは，ポートフォリオの RMW ファクターに対する回帰係数，

β_i^{CMA} : i 銘柄，もしくは，ポートフォリオのインベストメントファクターに対する回帰係数，

$\varepsilon_{i,t}$: i 銘柄，もしくは，ポートフォリオの誤差項．

FF5 論文では，RMW は，収益性において，頑健性が高い銘柄群と，脆弱な銘柄群のリターンの差（difference between the returns on diversified portfolios of stocks with Robust and Weak profitability）として定義されている．ここでの収益性は実績 ROE（ただし FF5 論文では「OP（Operating Profitability）」と変数表記しているため，本書でも OP と表す）を尺度としている．実績 ROE に関しては，実績（t 期）の利益を，その 1 期前実績（$t-1$ 期）の自己資本で除している．この際の利益は，支払利息控除後営業利益（annual revenues minus cost of goods sold, interest expense, and selling, general, and administrative expenses）としている．自己資本に対応する，本業ベース（営業）の利益を使う目的である．

また，CMA は，投資が少ない銘柄群と，多い銘柄群のリターンの差（difference between the returns on diversified portfolios of low and high investment stocks) として定義されている．CMA を算出するための基準となるインベストメント (Investment; Inv) は，前年度の総資産の伸び率を示す指標でアセットグロース AG と呼ばれていたものだ．同ファクターに関しては，資産の伸びが大きい企業はその後，リターンが低くなることが報告されてきた．ここでの投資額の大小は実績アセットグロースを尺度としている．アセットグロースは，Cooper et al.（2008）で示されてから，運用実務でも注目されている．

t 期のインベストメント (Investment; Inv_t) は，

$$Inv_t = AG_t = \frac{総資産_{t-1} - 総資産_{t-2}}{総資産_{t-2}} \tag{6.35}$$

で求める．

既に Fama–French 3 ファクターモデルの説明で述べた SMB（Small Minus Big）と HML（High Minus Low）はそれぞれ，規模（時価総額）と BM（自己資本÷時価総額）に関するファクターであるが，FF5 論文は，BM は株価の短期的な変動に依存するためノイズの代理変数（B/M is a noisy proxy for expected return）と指摘したうえで，BM をファクターとするのではなく，RMW と CMA をファクターとした4ファクターで十分とも指摘している（HML は冗長なファクターであるとまで指摘している（HML is redundant for explaining average returns））．

それでは，なぜ FF5 論文では，ROE とアセットグロースをファクターとして用いたのか？

その理由としては，ROE と期待リターンは長期的に同一という考えが背後にある．これは理論的に次のようである．ROE は株主価値の代理変数とされる．これは Easton and Harris（1991）等で研究された「価値関連性（value relevance）」などの考えが背景にある．株式リターンは投資家が得ることができる経済的利益となるが，その経済的利益は，企業が生む会計的利益（企業が報告する利益）をベースにして生まれる．理論的には，長期で捉えると図 6.8 に示す関係となる．

そして，経済的利益とは株式リターンであり，会計的利益は ROE である．これが，株式リターンの変動は ROE で説明できるという理論的背景である．ただ，将来の ROE は分子の利益の変動や，分母の自己資本の変動で変化する．た

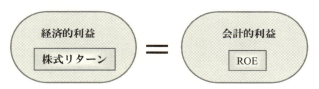

図 6.8 会計的利益＝経済的利益

だ，ROE の分母となる投下資本は経営者の裁量的な判断に左右される．利益を配当として，株主に支払わなければ，内部留保が積み増されて，投下資本が増えて将来の ROE は低下するというものだ．

そこで，こうした経営者の考えに依存する部分が多い，分母の変動をコントロールするために，アセットグロースに関するファクターを用いている．

今後は Fama–French 5 ファクターモデルがアノマリーの検証などでも注目される可能性がある．

6.5 ファクターモデルの潮流

FF5 ファクターモデル以外の，代表的な近年のファクターモデルに関して，基本的には，FF5 ファクターに含まれる，収益性ファクター，アセットグロースファクターと Carhart の 4 ファクターモデルで用いられた，モメンタムファクターの合計して 6 ファクターのなかで，どれを選別するかというものである．

基本的には，図 6.8 に示される理論的背景から，ROE に関するファクターを重視する流れがみられる．

近年の代表的なファクターモデルとして，Hou, Xue, and Zhang（2014）のファクターモデルを紹介する．Hou, Xue, and Zhang のファクターモデルでは，まず，規模（時価総額），アセットグロース，ROE に関して分割を行い，時価加重の 18 分位ポートフォリオを構築．次に，これら 18 個の分位ポートフォリオから適宜スプレッドリターンを計算することにより，ファクター値を算出．最後に個別銘柄の超過リターン（対安全利子率）を被説明変数，説明変数を市場リスクプレミアム $(R_{m,t} - r_{f,t})$，規模 S_t，アセットグロース IA_t，ROE_t の 4 ファクターとした時系列回帰を行うモデルである．

$$R_{i,t} - r_{f,t} = \beta_i^0 + \beta_i^{\mathrm{MKT}}(R_{m,t} - r_{f,t}) + \beta_i^{\mathrm{S}} S_t + \beta_i^{\mathrm{IA}} IA_t \\ + \beta_i^{\mathrm{ROE}} ROE_t + \varepsilon_{i,t} \tag{6.36}$$

$R_{i,t}$：t月におけるi銘柄の月次リターン，

$R_{m,t}$：t月における上場銘柄の時価加重の月次リターン，

$r_{f,t}$：t月に対応したリスクフリーレート，

β_i^0：i銘柄の切片項，

β_i^{MKT}：i銘柄の市場リスクプレミアムに対する回帰係数，

β_i^{S}：i銘柄の規模ファクターに対する回帰係数，

β_i^{IA}：i銘柄のアセットグロースファクターに対する回帰係数，

β_i^{ROE}：i銘柄のROEファクターに対する回帰係数，

$\varepsilon_{i,t}$：t月のi銘柄の誤差項．

市場リスクプレミアムは，対象とする上場銘柄の時価加重の月次リターンから同時期に対応するリスクフリーレートを差し引いたスプレッドリターンとする．

残り3つのファクター（総称してq-ファクターと呼ばれる）の算出に関しては，以下に示す．

まず，3つのファクターを算出するに当たり，以下の3指標（規模，アセットグロース，ROE）を定義し，

- 規模S：時価総額
- IA（Investment to Assets）：総資産の変化差÷前期総資産（(6.35)式のInvと同じ指標）
- ROE：株主帰属の営業利益（営業利益から支払利息を引いたもの，income before extraordinary items）÷1四半期前自己資本（1-quarter-lagged book equity）

とする．

そして，規模，IA，ROEの3指標をもとに，2分割，3分割，3分割し，計18個の分位ポートフォリオを構築する．具体的には，規模（時価総額）の中央値を基準にユニバースを2分割，IAを基準に30％点と70％点でユニバースを3分割，ROEを基準に30％点と70％点でユニバースを3分割する（図6.9）．背景として，投資効果，利益効果は大型企業よりも小型企業に働きやすいことが

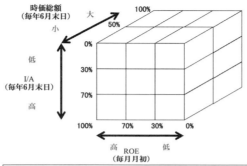

図 6.9　2×2×3 分位ポートフォリオの構築

ある（Bernard and Thomas（1990），Fama and French（2008））．なお，時価総額を基準に算出される規模に関しては，毎年 6 月末日を基準日とする．IA に関しては，毎年 6 月末時点において取得できる前年期末の値を参照する．ROE における分子の利益項目は，月次で更新を行い，公表済みの直近四半期結果を参照する．一方，分母の自己資本は，その直近四半期よりも 1 四半期前の値を参照する．

したがって，ROE に関しては，月次で更新されている点に注意が必要である（ROE 算出における時間的対応関係は図 6.10 を参照）．

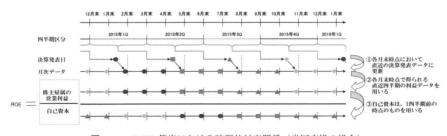

図 6.10　ROE 算出における時間的対応関係（米国市場の場合）

最後に，18 個の分位ポートフォリオのリターンを 3 つの観点から組み合わせ，スプレッドリターンを算出することにより，q-ファクターが算出できる．

規模ファクターは，規模が小さいとされる 9 個の分位ポートフォリオの単純

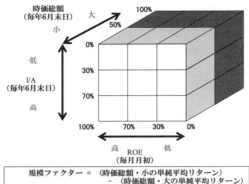

図 6.11 規模ファクターの算出方法

平均リターンから規模が大きいとされる 9 個の分位ポートフォリオの単純平均リターンを差し引くことにより算出される（図 6.11 を参照）．

アセットグロースファクターは，IA が低いとされる 6 個の分位ポートフォリオの単純平均リターンから IA が高いとされる 6 個の分位ポートフォリオの単純平均リターンを差し引くことにより算出される（図 6.12 を参照）．

ROE ファクターは，ROE が高いとされる 6 個の分位ポートフォリオの単純平均リターンから ROE が低いとされる 6 個の分位ポートフォリオの単純平均リターンを差し引くことにより算出される（図 6.13 を参照）．

なお，これらのファクターは，ROE が月次で更新されるため，月次リバランスされた各ポートフォリオの時価加重リターンを単純平均する際に用いなければいけない点に注意が必要である．

次に，Novy–Marx（2013，以下 Novy–Marx 論文）のモデルに関して詳解する．Novy–Marx のファクターモデルは，市場リスクプレミアムに加えて，割安性（High Minus Low：HML_t），モメンタム（Up Minus Down：UMD_t），収益性（Profitable Minus Unprofitable：PMU_t）を説明変数とする（6.37）式で表すファクターモデルである．

$$R_{i,t} - r_{f,t} = \beta_i^0 + \beta_i^{\mathrm{MKT}}(R_{m,t} - r_{f,t}) + \beta_i^{\mathrm{HML}}HML_t \\ + \beta_i^{\mathrm{UMD}}UMD_t + \beta_i^{\mathrm{PMU}}PMU_t + \varepsilon_{i,t} \tag{6.37}$$

$R_{i,t}$：t 月における i 銘柄の月次リターン，

6.5 ファクターモデルの潮流

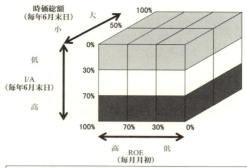

図 6.12 アセットグロースファクターの算出方法

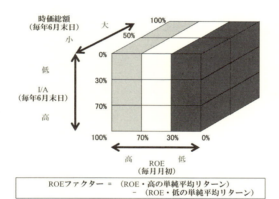

図 6.13 ROE ファクターの算出方法

$R_{m,t}$：t 月における上場銘柄の時価加重の月次リターン，

$r_{f,t}$：t 月に対応したリスクフリーレート，

β_i^0：i 銘柄の切片項，

β_i^{MKT}：i 銘柄の市場リスクプレミアムに対する回帰係数，

β_i^{HML}：i 銘柄の割安性ファクターに対する回帰係数，

β_i^{UMD}：i 銘柄のモメンタムファクターに対する回帰係数，

β_i^{PMU}：i 銘柄の収益性ファクターに対する回帰係数，

$\varepsilon_{i,t}$：t 月の i 銘柄の誤差項．

割安性（HML）ファクターは，対象とするユニバースにおいて，毎年 6 月末

日時点の 自己資本÷時価総額 を基準として 70%点および 30%点にて 3 分位ポートフォリオを構築し，70%点以上となるポートフォリオ（High）の時価加重月次リターンから 30%点以下となるポートフォリオ（Low）の時価加重月次リターンを差し引いたものである（図 6.14）．なお，基準となる自己資本÷時価総額に関しては，値をそのまま用いる方法と，業種別平均値を控除した値（業種中立）の方法があり，Novy–Marx 論文では業種中立（Fama and French の 49 業種）を用いる方がよいことを示している．

モメンタムは，個別銘柄の過去 12 カ月のうち足元の 1 カ月を除いた 11 カ月間の累積リターンをベースに算出する（1 カ月スキップの 11 カ月リターン）．算出のイメージを図 6.15 に示した．これは，中期的な過去 1 年でリターンモメンタムを捉えるためであるが，短期的な過去 1 カ月はリターンリバーサルが強いため，その影響を除いた方がモメンタムファクターとして妥当と捉えているからである．1 カ月スキップの 11 カ月リターンを基準として 70%点および 30%点にて 3 分位ポートフォリオを構築し，70%点以上となるポートフォリオ（Up）の時価加重月次リターンから 30%点以下となるポートフォリオ（Down）の時価加重月次リターンを差し引いたものをモメンタム（UMD）ファクターとする（図 6.16）．なお，基準となる 1 カ月スキップの 11 カ月リターンに関しても，値をそのまま用いる方法と，業種別平均値を控除した値（業種中立）の方法があり，Novy–Marx 論文では業種中立（Fama and French の 49 業種）を用いる方がよいことを示している．

収益性（PMU）ファクターは，対象とするユニバースにおいて，毎年 6 月末

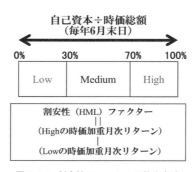

図 6.14　割安性ファクターの算出方法

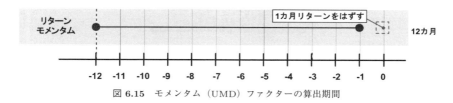

図 6.15　モメンタム（UMD）ファクターの算出期間

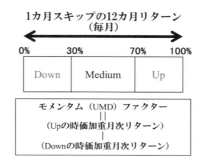

図 6.16　モメンタム（UMD）ファクターの算出方法

日時点の 売上総利益 ÷ 総資産 を基準として 70% 点および 30% 点にて 3 分位ポートフォリオを構築し，70% 点以上となるポートフォリオ（Profitable）の時価加重月次リターンから 30% 点以下となるポートフォリオ（Unprofitable）の時価加重月次リターンを差し引いたものである（図 6.17）．なお，基準となる自己資本 ÷ 時価総額 に関しては，値をそのまま用いる方法と，業種別平均値を控除した値（業種中立）の方法があり，Novy–Marx 論文では業種中立（Fama and French の 49 業種，Kenneth R. French のウェブサイトの Data Library で示されている）を用いる方がよいことを示している．また，Novy–Marx 論文は，売上総利益 ÷ 総資産 のリバランス頻度に関する検証（1 カ月リバランス対 1 年リバランス）も行っており，収益性が高い銘柄は，高い超過リターンの持続性があることを指摘している．

以上，Hou, Xue, and Zhang のファクターモデル，および，Novy–Marx のファクターモデルを紹介した．Hou, Xue, and Zhang（2012）の論文では，過去のモデルをレビューされているので，わかりやすい．マーケット，割安性，規模，モメンタム，収益性，アセットグロースの合計 6 ファクターのいずれかの組み合わせが近年のモデルとなっている．

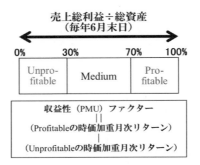

図 6.17 収益性（PMU）ファクターの算出方法

なお，基本的には，ROE 等の業績をベースとしたファンダメンタルズの情報をファクターにすることの動機が高まっている．

FF5 論文では，BM はノイズの代理変数（B/M is a noisy proxy for expected return）として指摘していることは前述した．FF5 論文は，BM をファクターとするのではなく，RMW と CMA をファクターとした 4 ファクターで十分であるとも指摘し，HML は冗長なファクターである，とまで指摘している（HML is redundant for explaining average returns）ことをすでに述べた．

近年のファクターモデルの潮流として，株式リターンをファンダメンタルズ要因で説明することと，それにより根拠を高める流れとなっている．

6.6 行動ファイナンスに基づくアノマリー

近年，行動ファイナンスの理論を用いて資本市場の事象の様々な説明がなされるようになりつつある．伝統的なファイナンスでは，投資家は合理的に行動することが仮定されている．しかし，人間は感情に左右されるため合理的な判断ができるとは限らない．行動ファイナンスとは，こうした人間の判断が合理的ではないことを取り入れて資本市場をモデル化するものである．

そして，行動ファイナンスの理論に基づくアノマリーを運用実務に応用する試みもみられる．本章の最後に，運用実務に応用する試みの1つとして宝くじ効果（lottery effect）のアイデアを紹介する．宝くじは，期待値はマイナスである（minus sum）．運営する側（胴元）となる地方公共団体が賭ける者に配分

図 6.18 宝くじ効果 (Lottery Effect)

せずに,自ら取得する部分(控除率)が 50% 以上と高いことから,宝くじを買うことは合理的ではないといわれる.

それでもなぜ,宝くじを買う人は少なくないのか?これは少額の資金にも関わらず,当選すると多額の賞金が貰えるということの魅力に惹かれるからだ.当選する確率は小さいが,当選しなくても資金が少額であることから,損失の限定が大きい.このように,当たると利益が大きいが,当たらなくても少額の損失に限定されている宝くじのようなものに対して,投資家は合理性を欠いて選好してしまうことが,宝くじ効果である(図 6.18).

株式市場でもこうした現象が指摘されている.投資家が,プラス方向に大きなリターンの発生する確率が小さい一方で,マイナス方向のリターンは限定的な確率が期待される,すなわちプラスの歪度を持つような lottery-like の株式を選好するというものだ.

古くは Arditti (1967) は,米国市場の 1946 年から 1963 年までの期間を対象とした分析を行った.そして,リスク回避的な投資家における効用関数を仮定した場合に,投資家は lottery-like の銘柄を選好することを示した.

そして近年の研究では,こうした lottery-like の銘柄は将来のリターンがマイナスになるという研究がみられる.Mitton and Vorkink (2007) は,米国市場の分析の結果,株式のポートフォリオのパフォーマンスを示すシャープレシオが,個別株式のリターンと市場リターンとの共歪度と個別株式のリターンの歪度による寄与に分解されることをクロスセクション回帰モデルにより確認した.個別株式のリターンの歪度の係数が将来のリターンに対してマイナスに有意であることを示した.すなわち,歪度がプラス(マイナス)となる銘柄の将来のリターンが有意にマイナス(プラス)に大きい逆相関の傾向を示した.こうした実証分析の結果に関して,Barberis and Huang (2008) は,次のような

理論的な説明を行った．投資家が，Tversky and Kahneman（1992）が主張した累積プロスペクト理論に基づいて行動するならば，非常に小さな確率であるが，大きなリターンが発生する，lottery-like である銘柄を好む．このため歪度がプラスに大きい銘柄は，株価が割高に評価されるため，将来のリターンが下落すると主張した．

分析で使われる歪度の定義は次のようである．例えば，t 月において過去の一定期間の日次対数リターンの歪度として定義する．実際には（6.38）式で算出される．

$$ts_{i,t} = \frac{1}{N(t)-2} \frac{\sum_{d \in U(t)}(r_{i,d}-\mu_{i,t})^3}{tv_{i,t}^3} \tag{6.38}$$

$ts_{i,t}$：t 月における i 銘柄のトータル歪度，
$r_{i,d}$：i 銘柄の d 日の日次対数リターン，
$\mu_{i,t}$：i 銘柄の t 月末時点までの過去一定期間の日次対数リターンの平均，
$tv_{i,t}$：i 銘柄のトータルボラティリティ，
$U(t)$：t 月末までの過去一定期間の営業日，
$N(t)$：$U(t)$ の営業日数．

近年では，lottery-like であることの代理変数にはどのようなものが妥当であるか，様々な変数の発展がみられる．

Bali et al.（2011）は，過去の一定期間の日次対数リターンのうち，最大値を Max と定義する（6.39）式もある．

$$\text{Max}_{i,t} = \max(r_{i,d}) \quad d \in U(t) \tag{6.39}$$

ここで，紹介した lottery-like 効果をファクターモデルに取り込む研究は，これからであり，ファクターモデルのさらなる発展が期待される．

付　表

付表 1　標準正規分布の百分位水準

$$Z \sim N(0,1) \text{ のとき, } P_x = \Pr\{Z \geq x\}$$

P_x	x	P_x	x	P_x	x	P_x	x	P_x	x
0.50	0.00	**0.050**	**1.64**	0.030	1.88	0.020	2.05	**0.010**	**2.33**
0.45	0.13	0.048	1.66	0.029	1.90	0.019	2.07	0.009	2.37
0.40	0.25	0.046	1.68	0.028	1.91	0.018	2.10	0.008	2.41
0.35	0.39	0.044	1.71	0.027	1.93	0.017	2.12	0.007	2.46
0.30	0.52	0.042	1.73	0.026	1.94	0.016	2.14	0.006	2.51
0.25	0.67	0.040	1.75	**0.025**	**1.96**	0.015	2.17	**0.005**	**2.58**
0.20	0.84	0.038	1.77	0.024	1.98	0.014	2.20	0.004	2.65
0.15	1.04	0.036	1.80	0.023	2.00	0.013	2.23	0.003	2.75
0.10	**1.28**	0.034	1.83	0.022	2.01	0.012	2.26	0.002	2.88
0.05	**1.64**	0.032	1.85	0.021	2.03	0.011	2.29	**0.001**	**3.09**
								0.000	∞

頻用される%水準は太字で記した.

付表 2　t 分布の $100\alpha\%$ 水準 $t_n{}^\alpha$

$T \sim t(n)$ のとき,
$\Pr\{T \geq t_n{}^\alpha\} = \alpha,$
$\Pr\{T \leq -t_n{}^\alpha\} = \alpha,$
$\Pr\{|T| \geq t_{n,\alpha}\} = 2\alpha$

n (自由度)	α					n (自由度)	α				
	0.10	0.05	0.025	0.010	0.005		0.10	0.05	0.025	0.010	0.005
1	3.08	6.31	12.71	31.82	63.66	12	1.36	1.78	2.18	2.68	3.06
2	1.89	2.92	4.30	6.97	9.92	14	1.34	1.76	2.14	2.62	2.98
3	1.64	2.35	3.18	4.54	5.84	16	1.34	1.75	2.12	2.58	2.92
4	1.53	2.13	2.78	3.75	4.60	18	1.33	1.73	2.10	2.55	2.88
5	1.48	2.02	2.57	3.36	4.03	20	1.32	1.72	2.09	2.53	2.84
6	1.44	1.94	2.45	3.14	3.71	30	1.31	1.70	2.04	2.46	2.75
7	1.42	1.89	2.36	3.00	3.50	40	1.30	1.68	2.02	2.42	2.70
8	1.40	1.86	2.31	2.90	3.36	60	1.30	1.67	2.00	2.39	2.66
9	1.38	1.83	2.26	2.82	3.25	120	1.29	1.66	1.98	2.36	2.62
10	1.37	1.81	2.23	2.76	3.17	$\infty[N(0,1)]$	1.28	1.64	1.96	2.33	2.58

付表 3.1　F 分布 $F(n_1, n_2)$ の 5% 水準 $F_{n_1,n_2}^{0.05}$

$W \sim F(n_1, n_2)$ のとき，
$\Pr\{W \geq F_{n_1,n_2}^{0.05}\} = 0.05$

n_2 (分母の自由度)	n_1 (分子の自由度)								
	1	2	4	6	8	10	12	24	∞
1	161.4	199.5	224.6	234.0	238.9	241.9	243.9	249.1	254.3
2	18.51	19.00	19.25	19.33	19.37	19.40	19.41	19.45	19.50
3	10.13	9.55	9.12	8.94	8.85	8.79	8.74	8.64	8.53
4	7.71	6.94	6.39	6.16	6.04	5.96	5.91	5.77	5.63
5	6.61	5.79	5.19	4.95	4.82	4.74	4.68	4.53	4.36
6	5.99	5.14	4.53	4.28	4.15	4.06	4.00	3.84	3.67
7	5.59	4.74	4.12	3.87	3.73	3.64	3.57	3.41	3.23
8	5.32	4.46	3.84	3.58	3.44	3.35	3.28	3.12	2.93
9	5.12	4.26	3.63	3.37	3.23	3.14	3.07	2.90	2.71
10	4.96	4.10	3.48	3.22	3.07	2.98	2.91	2.74	2.54
11	4.84	3.98	3.36	3.09	2.95	2.85	2.79	2.61	2.40
12	4.75	3.89	3.26	3.00	2.85	2.75	2.69	2.51	2.30
13	4.67	3.81	3.18	2.92	2.77	2.67	2.60	2.42	2.21
14	4.60	3.74	3.11	2.85	2.70	2.60	2.53	2.35	2.13
15	4.54	3.68	3.06	2.79	2.64	2.54	2.48	2.29	2.07
20	4.35	3.49	2.87	2.60	2.45	2.35	2.28	2.08	1.84
25	4.24	3.39	2.76	2.49	2.34	2.24	2.16	1.96	1.71
30	4.17	3.32	2.69	2.42	2.27	2.16	2.09	1.89	1.62
40	4.08	3.23	2.61	2.34	2.18	2.08	2.00	1.79	1.51
60	4.00	3.15	2.53	2.25	2.10	1.99	1.92	1.70	1.39
120	3.92	3.07	2.45	2.17	2.02	1.91	1.83	1.61	1.25
∞	3.84	3.00	2.37	2.10	1.94	1.83	1.75	1.52	1.00

付表 3.2 F 分布 $F(n_1, n_2)$ の 1% 水準 $F_{n_1,n_2}^{0.01}$

$W \sim F(n_1, n_2)$ のとき,
$\Pr\{W \geq F_{n_1,n_2}^{0.01}\} = 0.01$

n_2 (分母の自由度)	n_1 (分子の自由度)								
	1	2	4	6	8	10	12	24	∞
1	4052	5000	5625	5859	5982	6056	6106	6235	6366
2	98.50	99.00	99.25	99.33	99.37	99.40	99.42	99.46	99.50
3	34.12	30.82	28.71	27.91	27.49	27.23	27.05	26.60	26.13
4	21.20	18.00	15.98	15.21	14.80	14.55	14.37	13.93	13.46
5	16.26	13.27	11.39	10.67	10.29	10.05	9.89	9.47	9.02
6	13.75	10.92	9.15	8.47	8.10	7.87	7.72	7.31	6.88
7	12.25	9.55	7.85	7.19	6.84	6.62	6.47	6.07	5.65
8	11.26	8.65	7.01	6.37	6.03	5.81	5.67	5.28	4.86
9	10.56	8.02	6.42	5.80	5.47	5.26	5.11	4.73	4.31
10	10.04	7.56	5.99	5.39	5.06	4.85	4.71	4.33	3.91
11	9.65	7.21	5.67	5.07	4.74	4.54	4.40	4.02	3.60
12	9.33	6.93	5.41	4.82	4.50	4.30	4.16	3.78	3.36
13	9.07	6.70	5.21	4.62	4.03	4.10	3.96	3.59	3.17
14	8.86	6.51	5.04	4.46	4.14	3.94	3.80	3.43	3.00
15	8.68	6.36	4.89	4.32	4.00	3.80	3.67	3.29	2.87
20	8.10	5.85	4.43	3.87	3.56	3.37	3.23	2.86	2.42
25	7.77	5.57	4.18	3.63	3.32	3.13	2.99	2.62	2.17
30	7.56	5.39	4.02	3.47	3.17	2.98	2.84	2.47	2.01
40	7.31	5.18	3.83	3.29	2.99	2.80	2.66	2.29	1.80
60	7.08	4.98	3.65	3.12	2.82	2.63	2.50	2.12	1.60
120	6.85	4.79	3.48	2.96	2.66	2.47	2.34	1.95	1.38
∞	6.63	4.61	3.32	2.80	2.51	2.32	2.18	1.79	1.00

付表 **4.1** ダービン・ワトソン比の 5% 有意水準 (d_L と d_U)

n	$k=1$		$k=2$		$k=3$		$k=4$		$k=5$	
	d_L	d_U	d_L	d_U	d_L	d_U	d_L	d_U	d_L	d_U
15	1.08	1.36	0.95	1.54	0.82	1.75	0.69	1.97	0.56	2.21
16	1.10	1.37	0.98	1.54	0.86	1.73	0.74	1.93	0.62	2.15
17	1.13	1.38	1.02	1.54	0.90	1.71	0.78	1.90	0.67	2.10
18	1.16	1.39	1.05	1.53	0.93	1.69	0.82	1.87	0.71	2.06
19	1.18	1.40	1.08	1.53	0.97	1.68	0.86	1.85	0.75	2.02
20	1.20	1.41	1.10	1.54	1.00	1.68	0.90	1.83	0.79	1.99
21	1.22	1.42	1.13	1.54	1.03	1.67	0.93	1.81	0.83	1.96
22	1.24	1.43	1.15	1.54	1.05	1.66	0.96	1.80	0.86	1.94
23	1.26	1.44	1.17	1.54	1.08	1.66	0.99	1.79	0.90	1.92
24	1.27	1.45	1.19	1.55	1.10	1.66	1.01	1.78	0.93	1.90
25	1.29	1.45	1.21	1.55	1.12	1.66	1.04	1.77	0.95	1.89
26	1.30	1.46	1.22	1.55	1.14	1.65	1.06	1.76	0.98	1.88
27	1.32	1.47	1.24	1.56	1.16	1.65	1.08	1.76	1.01	1.86
28	1.33	1.48	1.26	1.56	1.18	1.65	1.10	1.75	1.03	1.85
29	1.34	1.48	1.27	1.56	1.20	1.65	1.12	1.74	1.05	1.84
30	1.35	1.49	1.28	1.57	1.21	1.65	1.14	1.74	1.07	1.83
31	1.36	1.50	1.30	1.57	1.23	1.65	1.16	1.74	1.09	1.83
32	1.37	1.50	1.31	1.57	1.24	1.65	1.18	1.73	1.11	1.82
33	1.38	1.51	1.32	1.58	1.26	1.65	1.19	1.73	1.13	1.81
34	1.39	1.51	1.33	1.58	1.27	1.65	1.21	1.73	1.15	1.81
35	1.40	1.52	1.34	1.58	1.28	1.65	1.22	1.73	1.16	1.80
36	1.41	1.52	1.35	1.59	1.29	1.65	1.24	1.73	1.18	1.80
37	1.42	1.53	1.36	1.59	1.31	1.66	1.25	1.72	1.19	1.80
38	1.43	1.54	1.37	1.59	1.32	1.66	1.26	1.72	1.21	1.79
39	1.43	1.54	1.38	1.60	1.33	1.66	1.27	1.72	1.22	1.79
40	1.44	1.54	1.39	1.60	1.34	1.66	1.29	1.72	1.23	1.79
45	1.48	1.57	1.43	1.62	1.38	1.67	1.34	1.72	1.29	1.78
50	1.50	1.59	1.46	1.63	1.42	1.67	1.38	1.72	1.34	1.77
55	1.53	1.60	1.49	1.64	1.45	1.68	1.41	1.72	1.38	1.77
60	1.55	1.62	1.51	1.65	1.48	1.69	1.44	1.73	1.41	1.77
65	1.57	1.63	1.54	1.66	1.50	1.70	1.47	1.73	1.44	1.77
70	1.58	1.64	1.55	1.67	1.52	1.70	1.49	1.74	1.46	1.77
75	1.60	1.65	1.57	1.68	1.54	1.71	1.51	1.74	1.49	1.77
80	1.61	1.66	1.59	1.69	1.56	1.72	1.53	1.74	1.51	1.77
85	1.62	1.67	1.60	1.70	1.57	1.72	1.55	1.75	1.52	1.77
90	1.63	1.68	1.61	1.70	1.59	1.73	1.57	1.75	1.54	1.78
95	1.64	1.69	1.62	1.71	1.60	1.73	1.58	1.75	1.56	1.78
100	1.65	1.69	1.63	1.72	1.61	1.74	1.59	1.76	1.57	1.78

$k =$ (定数項を除く) 説明変数の個数,$n =$ 観測値個数.

付表 4.2　ダービン・ワトソン比の 1% 有意水準 (d_L と d_U)

n	$k=1$		$k=2$		$k=3$		$k=4$		$k=5$	
	d_L	d_U	d_L	d_U	d_L	d_U	d_L	d_U	d_L	d_U
15	0.81	1.07	0.70	1.25	0.59	1.46	0.49	1.70	0.39	1.96
16	0.84	1.09	0.74	1.25	0.63	1.44	0.53	1.66	0.44	1.90
17	0.87	1.10	0.77	1.25	0.67	1.43	0.57	1.63	0.48	1.85
18	0.90	1.12	0.80	1.26	0.71	1.42	0.61	1.60	0.52	1.80
19	0.93	1.13	0.83	1.26	0.74	1.41	0.65	1.58	0.56	1.77
20	0.95	1.15	0.86	1.27	0.77	1.41	0.68	1.57	0.60	1.74
21	0.97	1.16	0.89	1.27	0.80	1.41	0.72	1.55	0.63	1.71
22	1.00	1.17	0.91	1.28	0.83	1.40	0.75	1.54	0.66	1.69
23	1.02	1.19	0.94	1.29	0.86	1.40	0.77	1.53	0.70	1.67
24	1.04	1.20	0.96	1.30	0.88	1.41	0.80	1.53	0.72	1.66
25	1.05	1.21	0.98	1.30	0.90	1.41	0.83	1.52	0.75	1.65
26	1.07	1.22	1.00	1.31	0.93	1.41	0.85	1.52	0.78	1.64
27	1.09	1.23	1.02	1.32	0.95	1.41	0.88	1.51	0.81	1.63
28	1.10	1.24	1.04	1.32	0.97	1.41	0.90	1.51	0.83	1.62
29	1.12	1.25	1.05	1.33	0.99	1.42	0.92	1.51	0.85	1.61
30	1.13	1.26	1.07	1.34	1.01	1.42	0.94	1.51	0.88	1.61
31	1.15	1.27	1.08	1.34	1.02	1.42	0.96	1.51	0.90	1.60
32	1.16	1.28	1.10	1.35	1.04	1.43	0.98	1.51	0.92	1.60
33	1.17	1.29	1.11	1.36	1.05	1.43	1.00	1.51	0.94	1.59
34	1.18	1.30	1.13	1.36	1.07	1.43	1.01	1.51	0.95	1.59
35	1.19	1.31	1.14	1.37	1.08	1.44	1.03	1.51	0.97	1.59
36	1.21	1.32	1.15	1.38	1.10	1.44	1.04	1.51	0.99	1.59
37	1.22	1.32	1.16	1.38	1.11	1.45	1.06	1.51	1.00	1.59
38	1.23	1.33	1.18	1.39	1.12	1.45	1.07	1.52	1.02	1.58
39	1.24	1.34	1.19	1.39	1.14	1.45	1.09	1.52	1.03	1.58
40	1.25	1.34	1.20	1.40	1.15	1.46	1.10	1.52	1.05	1.58
45	1.29	1.38	1.24	1.42	1.20	1.48	1.16	1.53	1.11	1.58
50	1.32	1.40	1.28	1.45	1.24	1.49	1.20	1.54	1.16	1.59
55	1.36	1.43	1.32	1.47	1.28	1.51	1.25	1.55	1.21	1.59
60	1.38	1.45	1.35	1.48	1.32	1.52	1.28	1.56	1.25	1.60
65	1.41	1.47	1.38	1.50	1.35	1.53	1.31	1.57	1.28	1.61
70	1.43	1.49	1.40	1.52	1.37	1.55	1.34	1.58	1.31	1.61
75	1.45	1.50	1.42	1.53	1.39	1.56	1.37	1.59	1.34	1.62
80	1.47	1.52	1.44	1.54	1.42	1.57	1.39	1.60	1.36	1.62
85	1.48	1.53	1.46	1.55	1.43	1.58	1.41	1.60	1.39	1.63
90	1.50	1.54	1.47	1.56	1.45	1.59	1.43	1.61	1.41	1.64
95	1.51	1.55	1.49	1.57	1.47	1.60	1.45	1.62	1.42	1.64
100	1.52	1.56	1.50	1.58	1.48	1.60	1.46	1.63	1.44	1.65

k, n は付表 4.1 参照.

参 考 文 献

1) Aditti, F. (1967), "Risk and the required return on equity", Journal of Finance 22.1, 19-36.
2) Altman, E. I. (1968), "Financial ratios, discriminant analysis and the prediction of corporate bankruptcy", Journal of Finance 23.4, 589-609.
3) Amihud, Y. (2002), "Illiquidity and stock returns: Cross-section and time-series effects", Journal of Financial Markets 5.1, 31-56.
4) Anderson, C. W. and Garcia-Feijoo, L. (2006), "Empirical evidence on capital investment, growth options, and security returns", Journal of Finance 61.1, 171-194.
5) Ang, A., et al. (2006), "The cross-section of volatility and expected returns", Journal of Finance 61.1, 259-299.
6) Asness, C. S., Frazzini, A. and Pedersen, L. H. (2014), "Quality minus junk", Working Paper. http://dx.doi.org/10.2139/ssrn.2312432
7) Bakshi, G. and Kapadia, N. (2003a), "Delta-hedged gains and the negative market volatility risk premium", Review of Financial Studies 16.2, 527-566.
8) Bakshi, G. and Kapadia, N. (2003b), "Volatility risk premiums embedded in individual equity options", Journal of Derivatives 11.1, 45-54.
9) Balakrishnan, K., Bartov, E. and Faurel, L. (2010), "Post loss/profit announcement drift", Journal of Accounting and Economics 50.1, 20-41.
10) Bali, T. G. and Cakici, N. (2008), "Idiosyncratic volatility and the cross section of expected returns", Journal of Financial and Quantitative Analysis 43.1, 29-58.
11) Bali, T. G. and Hovakimian, A. (2009), "Volatility spreads and expected stock returns", Management Science 55.11, 1797-1812.
12) Bali, T. G., Cakici, N. and Whitelaw, R. F. (2011), "Maxing out: Stocks as lotteries and the cross-section of expected returns", Journal of Finan-

cial Economics 99.2, 427-446.
13) Baltussen, G., van der Grient, B., de Groot, W., Hennink, E. and Zhou, W. (2012), "Exploiting option information in the equity market", Financial Analysts Journal 68.4, 56-72.
14) Banz, R. W. (1981), "The relationship between return and market value of common stocks", Journal of Financial Economics 9.1, 3-18.
15) Barberis, N. and Huang, M. (2008), "Stocks as lotteries: The implications of probability weighting for security prices", American Economic Review 98.5, 2066-2100.
16) Barth, M. E., Elliott, J. A. and Finn, M. W. (1999), "Market rewards associated with patterns of increasing earnings", Journal of Accounting Research 37.2, 387-413.
17) Bazdrech, S., Belo, F. and Lin, X. (2008), "Labor hiring, investment and stock return predictability in the cross section", London School of Economics and Political Science, LSE Library.
18) Belo, F. and Lin, X. (2012), "The inventory growth spread", Review of Financial Studies 25.1, 278-313.
19) Belo, F., Lin, X. and Vitorino, M. A. (2014), "Brand capital and firm value", Review of Economic Dynamics 17.1, 150-169.
20) Bernard, V. L. and Thomas, J. K. (1990), "Evidence that stock prices do not fully reflect the implications of current earnings for future earnings", Journal of Accounting and Economics 13.4, 305-340.
21) Bhandari, L. C. (1988), "Debt/equity ratio and expected common stock returns: Empirical evidence", Journal of Finance 43.2, 507-528.
22) Boudoukh, J., et al. (2007), "On the importance of measuring payout yield: Implications for empirical asset pricing", Journal of Finance 62.2, 877-915.
23) Bradshaw, M. T., Richardson, S. A. and Sloan, R. G. (2006), "The relation between corporate financing activities, analysts' forecasts and stock returns", Journal of Accounting and Economics 42.1, 53-85.
24) Brennan, M. J., Chordia, T. and Subrahmanyam, A. (1998), "Alternative factor specifications, security characteristics, and the cross-section of expected stock returns", Journal of Financial Economics 49.3, 345-373.
25) Campbell, J. Y., Hilscher, J. and Szilagyi, J. (2008), "In search of distress

risk", Journal of Finance 63.6, 2899-2939.
26) Carhart, M. M. (1997), "On persistence in mutual fund performance", Journal of Finance 52.1, 57-82.
27) Chan, L. K. C., Jegadeesh, N. and Lakonishok, J. (1996), "Momentum strategies", Journal of Finance 51.5, 1681-1713.
28) Chan, L. K. C., Lakonishok, J. and Sougiannis, T. (2001), "The stock market valuation of research and development expenditures", Journal of Finance 56.6, 2431-2456.
29) Chekhlov, A., Uryasev, S. and Zabarankin, M. (2003), "Portfolio optimization with drawdown constraints", In Scherer, B. Ed., Asset and Liability Management Tools, pp.263-278.
30) Choi, W., Hoyem, K. and Kim, J.-W. (2010), "Capital gains overhang and the earnings announcement volume premium", Financial Analysts Journal 66.2, 40-53.
31) Chow, T.-M., Hsu, J. C., Kuo, L.-L. and Li, F. (2014), "A study of low-volatility portfolio construction methods", The Journal of Portfolio Management 40.4, 89-105.
32) Clarke, C. (2016), "The level, slope and curve factor model for stocks". http://dx.doi.org/10.2139/ssrn.2526435
33) Clarke, R., de Silva, H. and Thorley, S. (2006), "Minimum-variance portfolios in the U.S. equity market", The Journal of Portfolio Management 33.1, 10-24.
34) Cooper, M. J., Gulen, H. and Schill, M. J. (2008), "Asset growth and the cross-section of stock returns", Journal of Finance 63.4, 1609-1651.
35) Core, J., Guay, W. and Verdi, R. (2008), "Is accruals quality a priced risk factor?", Journal of Accounting and Economics 46, 2-22.
36) Cremers, M. and Weinbaum, D. (2010), "Deviations from put-call parity and stock return predictability", Journal of Financial and Quantitative Analysis 45.2, 335-367.
37) Daniel, K. and Titman S. (2006), "Market reactions to tangible and intangible information", Journal of Finance 61.4, 1605-1643.
38) Datar, V. T., Naik, N. Y. and Radcliffe, R. (1998), "Liquidity and stock returns: An alternative test", Journal of Financial Markets 1.2, 203-219.
39) De Bondt, W. F. M. and Thaler, R. (1985), "Does the stock market over-

react?", Journal of Finance 40.3, 793-805.
40) de Carvalho, R. L., Lu, X. and Moulin, P. (2012), "Demystifying equity risk-based strategies: A simple alpha plus beta description", The Journal of Portfolio Management 38.3, 56-70.
41) Dechow, P. M., Sloan, R. G. and Soliman, M. T. (2004), "Implied equity duration: A new measure of equity risk", Review of Accounting Studies 9.2-3, 197-228.
42) Dennis, P. and Mayhew, S. (2002), "Risk-neutral skewness : Evidence from stock options", Journal of Financial and Quantitative Analysis 37.3, 471-493.
43) Dichev, I. D. (1998), "Is the risk of bankruptcy a systematic risk?", Journal of Finance 53.3, 1131-1147.
44) Diether, K. B., Malloy, C. J. and Scherbina, A. (2002), "Differences of opinion and the cross section of stock returns", Journal of Finance 57.5, 2113-2141.
45) Dimson, E. (1979), "Risk measurement when shares are subject to infrequent trading", Journal of Financial Economics 7.2, 197-226.
46) Dorfman, R. (1979), "A formula for the Gini coefficient", The Review of Economics and Statistics, 61.1, 146-149.
47) Easton, P. D. and Harris, T. S. (1991), "Earnings as an explanatory variable for returns", Journal of Accounting Research 29.1, 19-36.
48) Eisfeldt, A. L. and Papanikolaou, D. (2013), "Organization capital and the cross-section of expected returns", Journal of Finance 68.4, 1365-1406.
49) Elgers, P. T., Lo, M. H. and Pfeiffer Jr., R. J. (2001), "Delayed security price adjustments to financial analysts' forecasts of annual earnings", The Accounting Review 76.4, 613-632.
50) Fama, E. F. and MacBeth, J. D. (1973), "Risk, return, and equilibrium: empirical tests", Journal of Political Economy 38, 607-636.
51) Fama, E. F. and French, K. R. (1993), "Common risk factors in the returns on stocks and bonds", Journal of Financial Economics 33.1, 3-56.
52) Fama, E. F. and French, K. R. (1996), "Multifactor explanations of asset pricing anomalies", Journal of Finance 51.1, 55-84.
53) Fama, E. F. and French, K. R. (1997), "Industry costs of equity", Journal of Financial Economics 43.2, 153-193.

54) Fama, E. F. (1998), "Market efficiency, long-term returns, and behavioral finance", Journal of Financial Economics 49, 283-306.
55) Fama, E. F. and French, K. R. (2006), "Profitability, investment and average returns", Journal of Financial Economics 82, 491-518.
56) Fama, E. F. and French, K. R. (2008), "Dissecting anomalies", Journal of Finance 63.4, 1653-1678.
57) Fama, E. F. and French, K. R. (2015), "A five-factor asset pricing model", Journal of Financial Economics 116.1, 1-22.
58) Foster, G., Olsen, C. and Shevlin, T. (1984), "Earnings releases, anomalies, and the behavior of security returns", The Accounting Review 59.4, 574-603.
59) Francis, J., et al. (2005), "The market pricing of accruals quality", Journal of Accounting and Economics 39.2, 295-327.
60) Frazzini, A. and Pedersen, L. H. (2014), "Betting against beta", Journal of Financial Economics 111.1, 1-25.
61) García-Feijóo, L. and Jorgenson, R. D. (2010), "Can operating leverage be the cause of premium?", Financial Management 39.3, 1127-1154.
62) Gibbons, M., Ross, S. and Shanken, J. A. (1989), "Test of the efficiency a given portfolio", Econometrica, 57.5, 1121-1152.
63) Gompers, P., Ishii, J. and Metrick A. (2003), "Corporate governance and equity prices", The Quarterly Journal of Economics 118.1, 107-155.
64) Gow, I. D., Ormazabal, G. and Taylor, D. J. (2010), "Correcting for cross-sectional and time-series dependence in accounting research", The Accounting Review 85.2, 483-512.
65) Green, J., Hand, J. R. M. and Zhang, X. F. "The remarkable multidimensionality in the cross-section of expected US stock returns". http://dx.doi.org/10.2139/ssrn.2262374
66) Griffin, J. M. and Lemmon, M. L. (2002), "Book-to-market equity, distress risk, and stock returns", Journal of Finance, 57.5, 2317-2336.
67) Grinblatt, M. and Han, B. (2005), "Prospect theory, mental accounting, and momentum", Journal of Financial Economics 78.2, 311-339.
68) Hafzalla, N., Lundholm, R. and Van Winkle, E. M. (2011), "Percent accruals", The Accounting Review 86.1, 209-236.
69) Haugen, R. A. and Baker, N. L. (1996), "Commonality in the determi-

nants of expected stock returns", The Journal of Financial Economics 41.3, 401-439.
70) Hou, K. and Robinsonl, D. T. (2006), "Industry concentration and average stock returns", Journal of Finance 61.4, 1927-1956.
71) Hou, K., Xue, C. and Zhang, L. (2014), "Digesting anomalies: An investment approach", The Review of Financial Studies, doi:10.1093/rfs/hhu068.
72) Jegadeesh, N. (1990), "Evidence of predictable behavior of security returns", Journal of Finance 45.3, 881-898.
73) Jegadeesh, N. and Titman, S. (1993), "Returns to buying winners and selling losers: Implications for stock market efficiency", Journal of Finance 48.1, 65-91.
74) Jegadeesh, N. and Livnat, J. (2006), "Revenue surprises and stock returns", Journal of Accounting and Economics 41.1, 147-171.
75) Kohler, A. and Wittig, H. (2014), "Rethinking portfolio rebalancing: Introducing risk contribution rebalancing as an alternative approach to traditional value-based rebalancing strategies", The Journal of Portfolio Management 40.3, 34-46.
76) La Porta, R. (1996), "Expectations and the cross-section of stock returns", Journal of Finance 51.5, 1715-1742.
77) Lakonishok, J., Shleifer, A. and Vishny, R. W. (1994), "Contrarian investment, extrapolation, and risk", Journal of Finance 49.5, 1541-1578.
78) Ledoit, O. and Wolf, M. (2003), "Improved estimation of the covariance matrix of stock returns with an application to portfolio selection", The Journal of Empirical Finance 10.5, 603-621.
79) Ledoit, O. and Wolf, M. (2004), "Honey, I shrunk the sample covariance matrix", The Journal of Portfolio Management 30.4, 110-119.
80) Li, D. (2011), "Financial constraints, R&D investment, and stock returns", The Review of Financial Studies 24.9, 2974-3007.
81) Li, X. and Sullivan, R. N. (2011), "The limits to arbitrage revisited : The accrual and asset growth anomalies", Financial Analysts Journal 67.4, 50-66.
82) Litzenberger, R. H. and Ramaswamy, K. (1979), "The effect of personal taxes and dividends on capital asset prices: Theory and empirical evi-

dence", Journal of Financial Economics 7.2, 163-195.
83) Ljungqvist, A. and Wilhelm Jr., W. J. (2005), "Does prospect theory explain IPO market behavior?", Journal of Finance 60.4, 1759-1790.
84) Lo, A. W. and Patel, P. N. (2008), "130/30: The new long-only", The Journal of Portfolio Management 34.2, 12-38.
85) Lockwood, L. and Prombutr, W. (2010), "Sustainable growth and stock returns", The Journal of Financial Research 33.4, 519-538.
86) Lyandres, E., Sun, L. and Zhang, L. (2008), "The new issues puzzle: Testing the investment-based explanation", The Review of Financial Studies 21.6, 2825-2855.
87) Maillard, S., Roncalli, T. and Teilietche, J. (2010), "The properties of equally weighted risk contribution portfolios", The Journal of Portfolio Management 36.4, 60-70.
88) Merton, R. C. (1973), "An intertemporal capital asset pricing model", Econometrica 41.5, 867-887.
89) Meucci, A. (2009), "Managing diversification", Risk 22.5, 74-79.
90) Miller, M. H. and Scholes, M. S. (1982), "Dividends and taxes: Some empirical evidence", The Journal of Political Economy 90.6, 1118-1141.
91) Mitton, T. and Vorkink, K. (2007), "Equilibrium underdiversification and the preference for skewness", The Review of Financial Studies 20.4, 1255-1288.
92) Mohanram, P. S. (2005), "Separating winners from losers among low book-to-market stocks using financial statement analysis", Review of Accounting Studies 10.2-3, 133-170.
93) Moskowitz, T. J. and Grinblatt, M. (1999), "Do industries explain momentum?", Journal of Finance 54.4, 1249-1290.
94) Newey, W. K. and West, K. D. (1987), "A simple, positive semi-definite, heteroskedasticity and autocorrelation consistent covariance matrix", Econometrica 55.3, 703-708.
95) Novy-Marx, R. (2011), "Operating leverage", Review of Finance 15.1, 103-134.
96) Novy-Marx, R. (2013), "The other side of value: The gross profitability premium", Journal of Financial Economics 108.1, 1-28.
97) O'Brien, T. J. and Vanderheiden, P. A. (1987), "Empirical measurement

of operating leverage for growing firms", Fiancial Management 16.2, 45-53.

98) Ohlson, J. (1980), "Financial ratios and the probabilistic prediction of bankruptcy", Journal of Accounting Research 18.1, 109-131.

99) Pastor, L. and Stambaugh, R. F. (2003), "Liquidity risk and expected stock returns", Journal of Political Economy, 111.3, 642-685.

100) Petersen, M. A. (2009), "Estimating standard errors in finance panel data sets: comparing approaches", The Review of Financial Studies 22.1, 435-480.

101) Piotroski, J. D. (2000), "Value investing: The use of historical financial statement information to separate winners from losers", Journal of Accounting Research 38, 1-41.

102) Polk, C. and Sapienza, P. (2009), "The stock market and corporate investment: A test of catering theory", Review of Financial Studies 22.1, 187-217.

103) Pontiff, J. and Woodgate, A. (2008), "Share issuance and cross-sectional returns", Journal of Finance 63.2, 921-945.

104) Richardson, S. A., Sloan, R. G., Soliman, M. T. and Tuna, I. (2006), "The implications of accounting distortions and growth for accruals and profitability", The Accounting Review 81.3, 713-743.

105) Rockafellar, R. T. and Uryasev, S. (2000), "Optimization of conditional value-at-risk", Journal of Risk 2.3, 21-41.

106) Roll, R. (1977), "A critique of the asset pricing theory's tests Part I: On past and potential testability of the theory", Journal of Financial Economics 4.2, 129-176.

107) Rosenberg, B., Reid, K. and Lanstein, R. (1985), "Persuasive evidence of market inefficiency", The Journal of Portfolio Management 11.3, 9-16.

108) Ross, S. A. (1976), "The arbitrage theory of capital asset pricing", Journal of Economic Theory 13.3, 341-360.

109) Shalit, H. (1985), "PRACTITIONERS' CORNER calculating the Gini index of inequality for individual data", Oxford Bulletin of Economics and Statistics 47.2, 185-189.

110) Shalit, H. and Yitzhaki, S. (2005), "The mean-Gini efficient portfolio frontier", The Journal of Financial Research 28.1, 59-75.

111) Sharpe, W. F. (1964), "Capital asset prices: A theory of market equilibrium under conditions of risk", Journal of Finance 19.3, 425-442.
112) Sloan, R. G. (1996), "Do stock prices fully reflect information in accruals and cash flows about future earnings?", The Accounting Review 71.3, 289-315.
113) Soliman, M. T. (2008), "The use of DuPont analysis by market participants", The Accounting Review 83.3, 823-853.
114) Thomas, J. and Zhang, F. X. (2011), "Tax expense momentum", Journal of Accounting Research 49.3, 791-821.
115) Thomas, J. K. and Zhang, H. (2002), "Inventory changes and future returns", Review of Accounting Studies 7.2-3, 163-187.
116) Titman, S., Wei, K. C. J. and Xie, F. (2004), "Capital investments and stock returns", Journal of Financial and Quantitative Analysis 39.4, 677-700.
117) Tversky, A. and Kahneman, D. (1992), "Advances in prospect theory: cumulative representation of uncertainty", Journal of Risk and Uncertainty 5, 297-323.
118) Wahlen, J. M. and Wieland, M. M. (2011), "Can financial statement analysis beat consensus analysts' recommendations?", Review of Accounting Studies 16.1, 89-115.
119) White, H. (1980), "A heteroscedasticity-consistent covariance matrix estimator and a direct test for heteroscedasticity", Econometrica 48.4, 817-838.
120) Wilcox, J. W. (1984), "The P/B-ROE valuation model", Financial Analysts Journal 40.1, 58-66.
121) Wilcox, J. W. and Philips, T. K. (2005), "The P/B-ROE valuation model revisited", The Journal of Portfolio Management 31.4, 56-66.
122) Xing, Y. (2008), "Interpreting the value effect through the Q-theory: An empirical investigation", The Review of Financial Studies 21.4, 1767-1795.
123) Xing, Y., Zhang, X. and Zhao, R. (2010), "What does individual option volatility smirk tell us about future equity returns？", Journal of Financial and Quantitative Analysis 45.3, 641-662.
124) Xiong, J. X. and Idzorek, T. M. (2011), "The impact of skewness and fat tails on the asset allocation decision", Financial Analysts Journal 67.2,

23-35.
125) Zabarankin, M., Pavlikov, K. and Uryasev, S. (2014), "Capital asset pricing model (CAPM) with drawdown measure", European Journal of Operational Research 234.2, 508-517.
126) 池田昌幸 (2000), "金融経済学の基礎", 朝倉書店.
127) 井上 剛・野間幹晴 (2007), "多角化戦略と株主資本コスト——事業の関連性と組織構造——", 証券アナリストジャーナル 45.10, 84-97.
128) 岡田克彦・山崎尚志 (2008), "上場変更企業における Managers Opportunism の検証 裁量的会計発生高と Post-Listing Return", 現代ファイナンス 23, 109-130.
129) 刈屋武昭監修 (1985), "計量経済分析の基礎と応用", 東洋経済新報社.
130) 刈屋武昭・勝浦正樹 (1994), "統計学", 東洋経済新報社.
131) 久保田敬一・竹原 均 (2007), "Fama–French ファクターモデルの有効性の再検証", 現代ファイナンス 122, 3-23.
132) 佐和隆光 (1979), "回帰分析", 朝倉書店.
133) 竹原 均 (2008), "コントラリアン戦略, 流動性リスクと期待リターン: 市場効率性の再検証", MTEC ジャーナル特別号「フィナンシャル・テクノロジーの過去・現在・未来」, pp.407-428.
134) 津田博史 (1990), "因子分析による日本株式市場の分析", 金融・証券計量分析の基礎と応用, 刈屋武昭編著, 東洋経済新報社.
135) 津田博史 (1993), "株式の統計学", 朝倉書店.
136) 津田博史 (1993), "資産間のミスプライス是正メカニズムの実証分析と考察", 日本金融・証券計量・工学学会, 予稿集.
137) 徳野明洋 (2013), "スマートベータのパフォーマンス特性——実務家による実務家のための実用ガイド——", 証券アナリストジャーナル 51.11, 27-36.
138) 増沢和美, 新美美葉, 塩野未佳訳 (2005), "日本語訳「新賢明なる投資家」上, 下 (改訂版)", Benjamin Graham, The Intelligent Investor.
139) 森棟公夫 (1999), "計量経済学", 東洋経済新報社.
140) 村宮克彦 (2005), "経営者が公表する予想利益の精度と資本コスト", 証券アナリストジャーナル 43.9, 83-97.
141) 山井康浩, 吉羽要直 (2001), "期待ショートフォールによるポートフォリオのリスク計測", 日本銀行金融研究所, Discussion Paper No.2001-J-16.
142) 山田 徹, 上崎 勲 (2009), "低ボラティリティ株式運用", 証券アナリストジャーナル 47.6, 97-110.

143) 山田　徹, 永渡　学 (2010), "投資家の期待とボラティリティ・パズル", 証券アナリストジャーナル 48.12, 47-57.
144) 吉野貴晶, 斉藤哲朗 (2012), "我が国の Asset Growth と株式リターン", 現代ファイナンス 32, 3-31.
145) ASBJ（Accounting Standards Board of Japan: 企業会計基準委員会）, 企業会計基準第 22 号「連結財務諸表に関する会計基準」のウェブサイト.
146) IFRS（International Financial Reporting Standards: 国際財務報告基準）のウェブサイト.
147) かんぽ生命のウェブサイト.
148) 投資信託協会のウェブサイト.
149) 年金積立金管理運用独立行政法人のウェブサイト.

　以上，直接引用している文献に加えて，関連した文献で重要と判断したものを掲載した.

索　引

欧　文

APT（Arbitrage Pricing Theory）　109
AR　74

BPS（Book value Per Share）　43, 49

CAPM（Capital Asset Pricing Model）　41, 57, 100, 106
CF　30
CMA（Conservative Minus Aggressive）　128, 129

dividend discount model　52

EBO（Edwards–Bell–Ohlson）モデル　51, 62
EPS（Earnings Per Share）　1, 4
ETF（Exchange-Traded Fund）　23
EVA　53, 65

Fama–French 3 ファクターモデル　112
Fama–French 5 ファクターモデル　131
Fama–MacBeth（1973）の2段階回帰方法　123
fat tail の分布　82
FCF　55
FF5 論文　128
FFW（Free Float Weight）　16, 17
FR　74

GPIF（Government Pension Investment Fund）　25

heteroscedasticity　126
HML（High Minus Low）　112, 122

IA　132–134
IC（Information Coefficient）　74
ICAPM（Intertemporal Capital Asset Pricing Model）　109
IFRS, IFRSs（International Financial Reporting Standards）　34, 35
illiquidity premium　119

LIQ ファクター　117
LMW（Lower Minus Winner）ファクター　117
lottery effect　138
lottery-like　139

Markowitz, Harry　100
MKT　122
MOM　113

Newey–West の補正　125
NOPAT　67

OP（Operating Profitability）　129

P/B-ROE モデル　42, 95–97
PBR（Price Book value Ratio）　41, 43

PER (Price Earnings Ratio) 35, 41
PS 流動性指標 116

q-ファクター 132

RMW (Robust Minus Weak) 128
Ross, Stephen A. 109

Sharpe, William F. 105
SMB (Small Minus Big) 112, 122
stock split 4

t 値 86
t 分布 86
Tobin, James 108
TOPIX (Tokyo Stock Price Index) 9, 13
　——の配当込み指数 (total return index) 18
TOPIX-17 シリーズ 8
TV 58

UMD (Up Minus Down) 114
UMD (Up Minus Down) ファクター 114
unit matrix 84

Value Line 株価指数 97
value relevance 130
VaR (Value at Risk) 82

WACC (Weighted Average Cost of Capital) 55, 57
White の標準誤差修正 126

あ行

アクティブ運用 18, 28
アクルアルズアノマリー 120
アクルアルズクオリティ 126
アクルアルズクオリティファクター 126, 127
アセットグロース 130

アセットグロースアノマリー 120
アノマリー 120
　——の検証 120
安全資産 107
安全利子率 110

異時点間 CAPM 109
一物一価法則 111
5 日目決済 4
一般化最小 2 乗法 89
イベントスタディ 21, 22
インカムゲイン 3, 51
因子付加量 109, 111
インプライド法 51
インベストメント 130

売掛金 30

エコノミックプロフィット 53, 67
エコノミックプロフィットモデル 65

か行

回帰係数 87
回帰分析 77, 83
会計的利益 (企業が報告する利益) 130
会社四季報 29
会社法施行 43
ガウス分布 82
額面制度 13
確率収束 78
確率変数 77
確率密度関数 81
加重回帰分析 90
加重平均資本コスト 55, 57
価値関連性 130
株価指数 9
株価収益率 35, 41
株価純資産倍率 41
株式の収益率 (リターン) 3
株式評価方法 40
株式分割 4

索　引

株主資本コスト　50, 53
株主資本（純資産）　43
株主資本等変動計算書　37–39
株主資本利益率　49
空売り　107
空買い　107
簡易保険　25
完全市場　17

期待効用　105
期待資本コスト　42, 96
期待収益率　101
期待収益率（期待リターン）　50
規模ファクター　122
キャッシュフロー　30
キャピタルゲイン　3, 51
業種分類　6
共分散　79
均衡市場価格　17
均衡理論　100
近似曲線の追加　94
均等償却（定額法）　32

クリーンサープラス　36
クリーンサープラス会計　62
クロスセクショナル回帰分析　97
クロスセクション（横断面）的　83

経済的利益　130
系列相関　88
決算短信　45
決定係数　87
現代ポートフォリオ理論　100
検定　86, 87
権利落ち日　3

コイック・ラグ　88
構成銘柄抽出型株価指数　14
公的年金　25
行動ファイナンス　138
　—の観点　2
　—の理論　138

効用関数　105
国際会計基準　35
国際財務報告基準　34
コバンザメ投資法　23, 24
5 ファクターモデル　128

さ　行

最小 2 乗法　84
裁定売り　22
裁定買い　22
裁定価格理論　109
裁定機会　109
裁定取引　22, 25
最適ポートフォリオ理論　100, 106
サスティナブル成長　71
サスティナブル成長率　71
残差　85
残差系列　88
33 業種分類　6
残余利益モデル　51, 62, 64, 70

時価総額　16
　上場株式の—　16
　普通発行済株式の—　15, 16
　浮動株ベースの—　16
時価総額加重型　14
事業利益　57
自己株式　16
自己資本当期純利益率　45
自己資本利益率　45, 49
資産負債アプローチ　34, 35
市場共通因子（ファクター）　109–111
市場裁定均衡状態　109
市場ポートフォリオ　17
市場流動性　19, 115
市場流動性リスクファクター　117
指数用上場株式数　16
支配持分　37
資本異動　14
資本コスト　41, 51
資本資産評価モデル　17, 41, 57, 100, 106

資本支出　55
資本市場線　108
シャープ，ウィリアム F.　105
収益費用アプローチ　34
重回帰モデル　83
修正エコノミックプロフィット　67
従属変数　83
自由度　86, 87
自由度修正済決定係数　87
純利益　37
証拠金　107
上場株式の時価総額　16
上場投資信託（証券取引所で取引される投資信託）　23
少数株主持分　43, 44
少数株主利益　38
除数　13
新株式申込証拠金　44, 49
新株予約権　44
信用リスク　113
信頼性　87

推定値　78
推定量　78
ステークホルダー　67
スピアマンの順位相関係数　74
スマートベータ　28
スマートベータ運用　27

正規分布　81, 82
成長率　92
税引き後営業利益　67
税引利益　34, 35
世界産業分類基準（Global Industry Classification Standard; GICS）分類　9
セクター　19
絶対評価アプローチ　41
説明変数　83
説明力　87
線形近似　94
線形代数　86
線形表現　84

増益率　90, 92
相関係数　80, 101
総資本　57, 65
総資本価値　65
その他包括利益　38, 39
損益計算書　37
損益計算書重視　34

た　行

貸借対照表　37
貸借対照表重視　34
対数利益　94
ダイナミック ROE モデル　62
ダウ式　13
ダウ式修正平均　13
宝くじ効果　138
ダービンの h 統計量　89
ダービン・ワトソンの検定量　88
多変量解析　83
ターミナルバリュー　58
単位行列　84
単回帰モデル　83

中間発行増資　5
中心極限定理　81
超過利益　62
長期成長残余利益モデル　70
長期の成長率　92
長期リターンリバーサル　51
調整係数　5
帳簿価格　62

定額法　60
定期見直し　19
定率法　60

当期利益　62
等金額投資　121
統計量　77, 78
投資機会集合　104
投資信託　25

索　　引

投資信託協会　23
東証株価指数　9, 13
独立変数　83
トービン，ジェームズ　108
トービンの分離定理　108

な　行

内部留保　54

2期間残余利益モデル　70
日経分類　8
日経平均株価　9
日経平均プロフィル　9, 13, 18
日経平均連動型　20
日本取引所グループ　17
日本標準産業分類　7

年金資金　25
年金積立金管理運用独立行政法人　25
年複利ベース　92

は　行

倍数アプローチ　41
配当落ち日　3
配当割引モデル　52, 53
外れ値　99
パッシブ運用　18
バリュー・アット・リスク　82
バリューアプローチ　40
バリュエーションモデル　42

非支配持分　37, 39
ヒストグラム　81
ヒストリカル法　51
被説明変数　83
1株当たり純資産　43, 49
1株当たりの利益　1
費用収益対応の原則　32, 59
標準正規分布　83
標準線形回帰モデル　84

標準偏差　78, 100
標本　77
標本共分散　79
標本相関係数　80
標本値　77
標本標準偏差　78
標本分散　78
標本平均値　78
非流動性（illiquidity）指標　119
非流動性プレミアム　119

ファクター・モデル　109
不均一分散　126
　――の問題　125
符号関数　116
普通発行済株式の時価総額　15, 16
浮動株比率　16, 17
浮動株ベースの時価総額　16
不偏推定量　78, 79
フリーキャッシュフロー　55, 56
分散　78

平均回帰　51
平均値　78
ベータ係数　109
ベータ値　109
ベンチマーク　15

包括利益　34–39
法定実効税率　56
簿価　62
母集団　77
母集団の分散　79
母数　77

ま　行

マイナスの処理　94
マーケットアプローチ　41, 42
マーケットファクター　122
マーコビッツ，ハリー　100

みなし額面　13

無差別曲線　105
無相関　87
無リスク証券　107

目的変数　83
モメンタム　113
モメンタム現象　113
モメンタムファクター　113

や　行

有意水準　87, 88
有価証券報告書　45
有効フロンティア　104, 105, 107
有償割当増資　5
優先株　16
有リスク証券価格　100

4日目決済　3

ら　行

利益成長率　90, 95
リスク　101
　—の市場価格　111
　—の対価　111
リスク（収益率の標準偏差）　101

リスク（不確実性）　100
リスク回避型　105
リスク回避的　106
リスク回避度　105
リスク許容度　105
リスク選好　108
リスクフリーレート　122
リスクプレミアム　108, 109, 111
リスク分散効果　101, 103
リターンモメンタム　114
リターンリバーサル　114
流動性イノベーション　118
流動性指標　116, 117
臨時入れ替え　19

累積調整係数　5
累積プロスペクト理論　140

連結株主持分変動計算書　37

ローゼンバーグ方式　91, 92

わ　行

歪度　139
割引キャッシュフローモデル　54, 57
割引超過利益モデル　62
割安性ファクター　122

著者略歴

津田　博史（つだ　ひろし）
- 1959 年　京都府に生まれる
- 1983 年　京都大学工学部卒業
- 1985 年　東京大学大学院工学系修士課程修了　工学修士
- 1999 年　総合研究大学院大学数物科学研究科博士課程修了
- 現　在　同志社大学理工学部数理システム学科教授　博士（学術）
  - 日本金融・証券計量・工学学会（JAFEE）元会長，代議員
  - 大学共同利用機関法人　情報・システム研究機構　統計数理研究所客員教授
  - 東京大学経済学部非常勤講師
  - 京都大学大学院医学研究科非常勤講師
  - 証券アナリストジャーナル賞受賞（2018年度），論文多数

吉野　貴晶（よしの　たかあき）
- 1965 年　埼玉県に生まれる
- 1989 年　千葉大学法経学部卒業
- 2004 年　筑波大学大学院ビジネス科学研究科修士課程修了　経営システム科学修士
- 2011 年　筑波大学大学院ビジネス科学研究科博士課程修了
- 現　在　ニッセイアセットマネジメント投資工学開発センター長　博士（システムズ・マネジメント）
  - 日本金融・証券計量・工学学会（JAFEE）代議員，法人担当理事
  - 大学共同利用機関法人　情報・システム研究機構　統計数理研究所　リスク解析戦略研究センター客員教授
  - 青山学院大学大学院国際マネジメント研究科客員教授
  - 日経ヴェリタス「人気アナリストランキング」クオンツ部門で2002年から2016年まで15年連続1位

FinTech ライブラリー
株式の計量分析入門

定価はカバーに表示

2016 年 11 月 5 日　初版第 1 刷
2020 年 4 月 10 日　　　第 3 刷

著　者　津　田　博　史
　　　　吉　野　貴　晶
発行者　朝　倉　誠　造
発行所　株式会社　朝　倉　書　店
　　　　東京都新宿区新小川町 6-29
　　　　郵便番号　162-8707
　　　　電話　03（3260）0141
　　　　FAX　03（3260）0180
　　　　http://www.asakura.co.jp

〈検印省略〉

Ⓒ 2016〈無断複写・転載を禁ず〉

中央印刷・渡辺製本

ISBN 978-4-254-27581-0　C 3334　　Printed in Japan

JCOPY 〈出版者著作権管理機構　委託出版物〉

本書の無断複写は著作権法上での例外を除き禁じられています．複写される場合は，そのつど事前に，出版者著作権管理機構（電話 03-5244-5088, FAX 03-5244-5089, e-mail: info@jcopy.or.jp）の許諾を得てください．

前京大 刈屋武昭・前広大 前川功一・東大 矢島美寛・
学習院大 福地純一郎・統数研 川﨑能典編

経済時系列分析ハンドブック

29015-8 C3050　　　　A 5 判 788頁 本体18000円

経済分析の最前線に立つ実務家・研究者へ向けて主要な時系列分析手法を俯瞰。実データへの適用を重視した実践志向のハンドブック。〔内容〕時系列分析基礎（確率過程・ARIMA・VAR他）／回帰分析基礎／シミュレーション／金融経済財務データ（季節調整他）／ベイズ統計とMCMC／資産収益率モデル（酔歩・高頻度データ他）／資産価格モデル／リスクマネジメント／ミクロ時系列分析（マーケティング・環境・パネルデータ）／マクロ時系列分析（景気・為替他）／他

同志社大 津田博史著
シリーズ〈社会現象の計量分析〉2

株式の統計学

12632-7 C3341　　　　A 5 判 180頁 本体3500円

現実のデータを適用した場合の実証分析を基に、具体的・実際的に解説。〔内容〕株式の統計学／基本統計量と現代ポートフォリオ理論／株価変動と回帰モデル／株価変動の分類／因子分析と主成分分析による株価変動モデル／株価変動の予測／他

首都大 木島正明・北大 鈴木輝好・北大 後藤 允著

ファイナンス理論入門
―金融工学へのプロローグ―

29016-5 C3050　　　　A 5 判 208頁 本体2900円

事業会社を主人公として金融市場を描くことで、学生にとって抽象度の高い金融市場を身近なものとする。事業会社・投資家・銀行、証券からの視点より主要な題材を扱い、豊富な演習問題・計算問題を通しながら容易に学べることを旨とした書

日大 清水千弘著

市場分析のための 統計学入門

12215-2 C3041　　　　A 5 判 160頁 本体2500円

住宅価格や物価指数の例を用いて、経済と市場を読み解くための統計学の基礎をやさしく学ぶ。〔内容〕統計分析とデータ／経済市場の変動を捉える／経済指標のばらつきを知る／相関関係を測定する／因果関係を測定する／回帰分析の実際／他

前慶大 蓑谷千凰彦著
統計ライブラリー

線形回帰分析

12834-5 C3341　　　　A 5 判 360頁 本体5500円

幅広い分野で汎用される線形回帰分析法を徹底的に解説。医療・経済・工学・ORなど多様な分析事例を豊富に紹介。学生はもちろん実務者の独習にも最適。〔内容〕単純回帰モデル／重回帰モデル／定式化検定／不均一分散／自己相関／他

前広大 前川功一編著　広経大 得津康義・
別府大 河合研一著

経済・経営系のための **よくわかる統計学**

12197-1 C3041　　　　A 5 判 176頁 本体2400円

経済系向けに書かれた統計学の入門書。数式だけでは納得しにくい統計理論を模擬実験による具体例でわかりやすく解説。〔内容〕データの整理／確率／正規分布／推定と検定／相関係数と回帰係数／時系列分析／確率・統計の応用

早大 豊田秀樹著

はじめての 統計データ分析
―ベイズ的〈ポストp値時代〉の統計学―

12214-5 C3041　　　　A 5 判 212頁 本体2600円

統計学への入門の最初からベイズ流で講義する画期的な初級テキスト。有意性検定によらない統計的推論法を高校文系程度の数学で理解。〔内容〕データの記述／MCMCと正規分布／2群の差（独立・対応あり）／実験計画／比率とクロス表／他

オーストラリア国立大 沖本竜義著
統計ライブラリー

経済・ファイナンスデータの **計量時系列分析**

12792-8 C3341　　　　A 5 判 212頁 本体3600円

基礎的な考え方を丁寧に説明すると共に、時系列モデルを実際のデータに応用する際に必要な知識を紹介。〔内容〕基礎概念／ARMA過程／予測／VARモデル／単位根過程／見せかけの回帰と共和分／GARCHモデル／状態変化を伴うモデル

文教大 菅原周一著
応用ファイナンス講座3

資産運用の理論と実践

29588-7 C3350　　　　A 5 判 228頁 本体3500円

資産運用に関する基礎理論から実践まで、実証分析の結果を掲げながら大学生および実務家向けにわかり易く解説〔内容〕資産運用理論の誕生と発展の歴史／株式運用と基礎理論と実践への応用／債券運用の基礎と実践への応用／最適資産配分戦略

上記価格（税別）は2020年3月現在